JN296941

音からスタート

中国語超入門

7日間体験

李凌燕・古屋順子 共著

コスモピア

はじめに

　中国語を勉強するということは「難しいと言えば難しい、難しくないと言えば難しくない」と言えます。どういう意味かと言うと、あなたが中国語に興味があれば中国語の勉強は簡単ですが、中国語に興味がなければ難しいということなのです。7日間でひとつの言語をマスターするなどというのは夢物語で、あり得ません。けれども、あなたが7日間でこの本を読み終えて、少しでも中国語に興味が湧いたなら、「中国語が話せるようになる」という夢を実現する第一歩になるはずです。

　言語を勉強する上で大切なことは、まずその言語に興味を持つことですから、本書で中国語に触れ、「中国語って面白い」と思えるようになればそれはしめたもの。中国語は発音が難しいと思われることが多いですが、逆に言えば中国語は音ができるようになれば、英語を一からスタートすることに比べると、文字、文法についてはそれほど大変なものではないはずです。特に日本人にとっては勉強しやすい言語だと言えるでしょう。ですから、本書では中国語の音に注目し、発音や会話の中にある音の流れを意識して学べるように工夫しました。中国語は音を楽しめるようになれば、あなたにとって難しい言葉ではなくなるでしょう。

　本書では音を楽しむための素材をたくさん紹介しています。ひとつの発音から、四字成語、漢詩、早口言葉、そして中国の子どもが歌う数え歌など、さまざまなバリエーションで中国語を味わってみてください。そこには日本語にはない音のメロディがあるはずです。初心者であるみなさんには、まず

ひとつずつ音をゆっくりと発音し、自分でその音の感覚をつかみながら学習していただきたいと思います。

　私たちは、読者のみなさんに中国語に興味を持ってもらうことを念頭に置いてこの本を書きました。1日目から7日目まで順序どおりにこの本に書かれた内容を学び終えたら、きっとその次の週も勉強を続けたくなると思います。

　本書がみなさんの中国語への興味を膨らませ、中国語の世界への扉を開くきっかけになれば幸いです。

2010年6月6日　東京にて
李　凌燕

執筆・訳担当
| 1日目　中国語の音のしくみ　古屋順子
| 2日目　中国語の発音——母音　李凌燕、古屋順子（訳）
| 3日目　中国語の発音——子音　李凌燕、古屋順子（訳）
| 4日目　苦手な音の克服　李凌燕　古屋順子（訳）
| 5日目　中国語の言葉の並び方　古屋順子
| 6日目　基本のあいさつと基本表現　李凌燕、古屋順子（訳）
| 7日目　よくある会話　李凌燕、古屋順子（訳）

| コラム①、コラム③、コラム④、コラム⑤　李凌燕、古屋順子（訳）
| コラム②　森田六朗
| コラム⑧　古屋順子
| ちょっと一息コラム「お茶」　祁暁琳、古屋順子（訳）

目次

はじめに ……………………………………………………………………… 2
本書の使い方と構成 ………………………………………………………… 8
CDトラック表 ……………………………………………………………… 12

1日目　中国語の音のしくみ …………… 13

中国語の音を知ろう
| 「中国語」って何？ ………………………………………………… 14
| 「簡体字」について ………………………………………………… 14
| 発音が大切な理由 …………………………………………………… 15
| ピンインの役割 ……………………………………………………… 15
| 日本人が中国語を学ぶうえでのメリット、デメリット ………… 16
| 中国語の発音は本当に難しい？ …………………………………… 17
| ではどうするか？ …………………………………………………… 17

中国語の音体験
| 日本語になっている中国語の言葉で音体験 ……………………… 18
| 会話で音体験 ………………………………………………………… 19
| 文を解析 ……………………………………………………………… 20
| 漢詩で音体験 ………………………………………………………… 21

四声について
| 声調を知ろう ………………………………………………………… 22
| 声調記号 ……………………………………………………………… 23
| 発音のポイント ……………………………………………………… 24
| トレーニング ………………………………………………………… 26
| ドリルの解答 ………………………………………………………… 27
コラム①　日本に来た中国人が驚くこと ……………………………… 28

★母音と子音を発音する正しい口のかたちを動画で見ることができます。音をひとつずつゆっくりと紹介していますので、練習にご活用ください。
URL　http://www.cosmopier.com/movie/movie_top.html

2日目　中国語の発音――母音 ……… 29

単母音
- 単母音とは（a、o、e、i、u、ü、er）………………………… 30
- 難しい音チェック e、ü ……………………………………… 31

複母音
- 複母音とは …………………………………………………… 32
- つづりが a、o、e で始まる複母音 ………………………… 32
- 難しい音チェック eng / -n と -ng …………………………… 33
- つづりが i で始まる複母音 ………………………………… 34
- 難しい音チェック ian (yan)、iang (yang) ………………… 35
- つづりが u で始まる複母音 ………………………………… 36
- 難しい音チェック uen (wen)、ueng (weng) ……………… 37
- つづりが ü で始まる複母音 ………………………………… 38
- 難しい音チェック　üe (yue)、üan (yuan)、ün (yun) ……… 38
- トレーニング ………………………………………………… 40

コラム②　中国に来た日本人が驚くこと ………………………… 44

3日目　中国語の発音――子音 ……… 45

子音
- 子音とは ……………………………………………………… 46
- 有気音と無気音 ……………………………………………… 46
- 子音グループ1　b、p、m、f ……………………………… 46
- 子音グループ2　d、t、n、l ………………………………… 47
- 子音グループ3　g、k、h …………………………………… 48
- 子音グループ4　j、q、x …………………………………… 48
- 子音グループ5　zh、ch、sh、r …………………………… 50
- 子音グループ6　z、c、s …………………………………… 51

注意が必要な発音
- f と h ………………………………………………………… 52
- j と zh、q と ch、x と sh …………………………………… 53
- s と sh ………………………………………………………… 54

| l と r ……………………………………………………………… 55
| アル化 …………………………………………………………… 56
| アル化で意味が変わるもの …………………………………… 57
| トレーニング …………………………………………………… 58
コラム③　中国の子どもたちが聞いて音読する唐詩 ……………… 60

4日目　苦手な発音の克服 …… 61

| 声調の組み合わせ ……………………………………………… 62
| 軽声とは ………………………………………………………… 64
| 意味に関わる軽声 ……………………………………………… 65
| 惑わされやすいつづり ………………………………………… 66
| 子音がつくと書き換えるつづり ……………………………… 66
| 見た目は同じ、でも…… ……………………………………… 67
| zi と zu ………………………………………………………… 68
| c と q …………………………………………………………… 69
| 変調 ……………………………………………………………… 70
| 不 の変調 ……………………………………………………… 70
| 一 の変調 ……………………………………………………… 71
| トレーニング …………………………………………………… 72
| ドリルの解答 …………………………………………………… 75
コラム④　料理で覚える中国語 ……………………………………… 76

5日目　中国語の言葉の並び方 …… 77

| 中国語の言葉のしくみ ………………………………………… 78
| 中国語の文法的特徴 …………………………………………… 78
| 基本の文Ⅰ　～は……する ………………………………… 80
| 基本の文Ⅱ　～は……である ……………………………… 82
| 基本の文Ⅲ　～には……がある …………………………… 84
| 基本の文Ⅳ　～は……にある ……………………………… 86
| 基本の文Ⅴ　形容詞の文 …………………………………… 88
| トレーニング …………………………………………………… 90

ドリルの解答 …………………………………………………………… 91
　コラム⑤　歌って覚える中国語 ………………………………………… 92

6日目　基本のあいさつと基本表現 …… 93
　　基本のあいさつ（出会い） ……………………………………………… 94
　　基本のあいさつ（別れ） ………………………………………………… 96
　　基本の表現 ………………………………………………………………… 98
　　基本単語と表現（数字、曜日、日付） ………………………………… 100
　　基本単語と表現（ものの数え方） ……………………………………… 102
　　基本単語と表現（お金の種類、お金の数え方） ……………………… 103
　　基本表現（たずねるとき） ……………………………………………… 104
　　トレーニング（数え歌） ………………………………………………… 106
　コラム⑥　中国語をパソコンで入力してみよう！ …………………… 108

7日目　よくある会話 …………… 109
　　会話チャレンジ①　自己紹介 …………………………………………… 110
　　会話チャレンジ②　買いもの …………………………………………… 112
　　会話チャレンジ③　電話 ………………………………………………… 114
　　ちょっと一息コラム（お茶、中国の食事文化） ……………………… 116
　　会話チャレンジ④　食事の注文［レストラン編］ …………………… 118
　　会話チャレンジ⑤　食事の注文［ファーストフード編］ …………… 120
　　トレーニング（中国都市マップ） ……………………………………… 122
　コラム⑦　HSK1級を受けてみよう！ ………………………………… 124
　コラム⑧　中国語の辞書の引き方 ……………………………………… 127

トレーニングの解答 ………………………………………………………… 128
インデックス　中国語→日本語 …………………………………………… 130
　　　　　　　　日本語→中国語 …………………………………………… 133
中国語音節表 ………………………………………………………………… 136
これからの勉強法 …………………………………………………………… 140

本書の使い方と構成

本書は中国語の学習をこれからはじめる方に必要な基礎の基礎を7日間で体験できるように構成されています。7日目が終わったころには、「中国語がどういうものか少しはわかった！」という気持ちになれるはずです。以下が7日間の学習のフローです。

1日目　中国語の音のしくみ

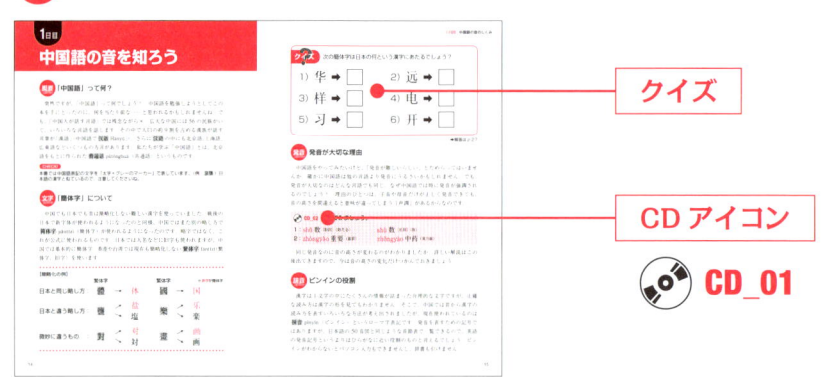

クイズ

CD アイコン

CD_01

1日目はまず中国語を知るところから。日本語や英語との違い、漢字のしくみ、音のしくみなど、基礎知識を読んで学びましょう。説明の間には音を体験して理解できるように、音声（CDアイコン）が用意されていますので、CDも併用しながら進めてください。クイズもあります。

2日目　中国語の発音——母音

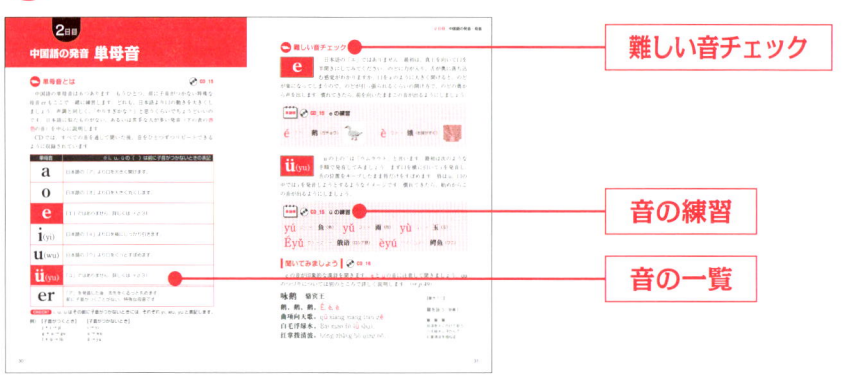

難しい音チェック

音の練習

音の一覧

2日目からは音の練習です。母音の音をひとつずつ取り上げて練習していきます。日本語には存在しない音がたくさんあるので、日本人にとって特に発音が難しい音を「難しい音チェック」として大きく取り上げ、その音を使った単語をCDで練習できるようになっています。

🐊 3日目　中国語の発音——子音

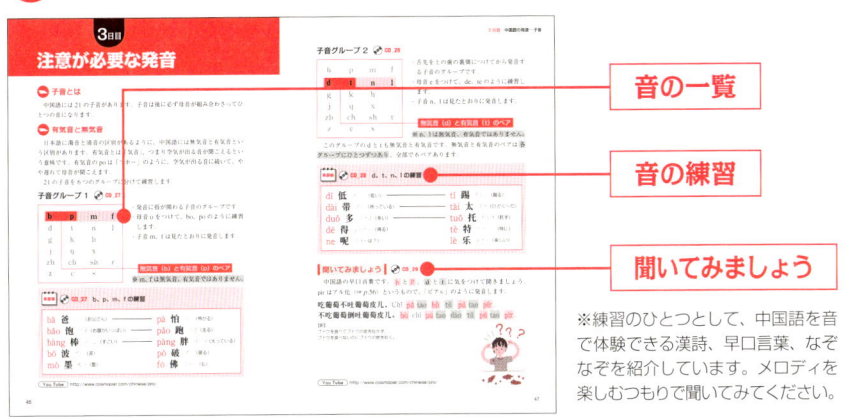

- 音の一覧
- 音の練習
- 聞いてみましょう

※練習のひとつとして、中国語を音で体験できる漢詩、早口言葉、なぞなぞを紹介しています。メロディを楽しむつもりで聞いてみてください。

3日目では21個ある中国語の子音を6つのグループに分けて練習します。2日目と同じように、子音の音の特徴をひとつずつ紹介した後、それぞれの音が練習できる単語が用意されています。CDで音を聞きながら、自分で実際に発音してみましょう。

🐊 4日目　苦手な発音の克服

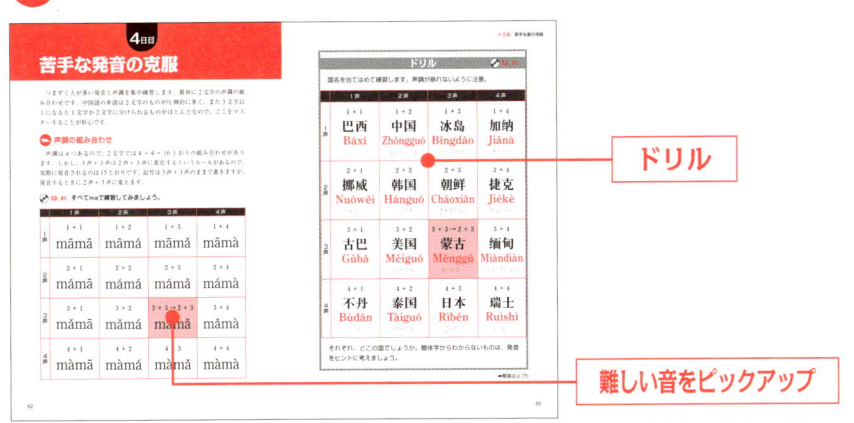

- ドリル
- 難しい音をピックアップ

音の基盤となる母音と子音をマスターしたら、4日目からは母音と子音、そして四声を合わせた練習です。これが日本人にとっては非常に難しいのです。音の組み合わせの他にも中国語の音の中で間違えやすいとされている発音やつづりをピックアップして、集中的にトレーニングしていきます。

5日目　中国語の言葉の並び方

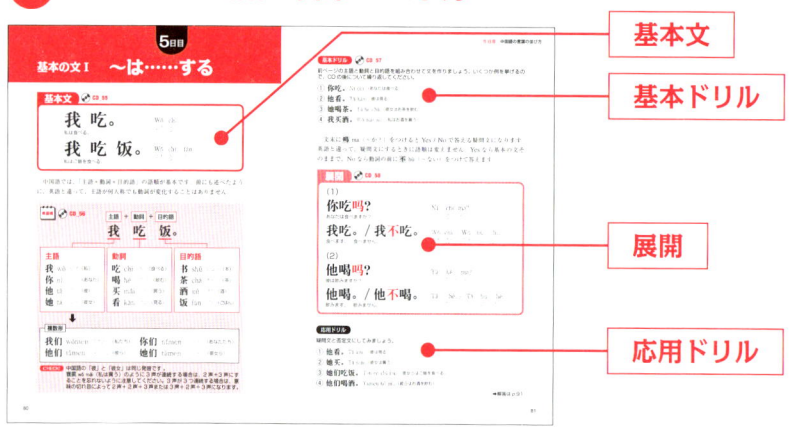

（基本文／基本ドリル／展開／応用ドリル）

音のしくみが理解できたら、次は中国語の文のしくみを学びましょう。中国語の基本的な文のつくりを5つに分けて紹介します。「基本文」で言葉の並び方を学び、「展開」では基本文から否定文、疑問文などを作っていきます。基本文を使って音からも練習できる「基本ドリル」、書いて展開を理解する「応用ドリル」が用意されています。

6日目　基本あいさつと基本表現

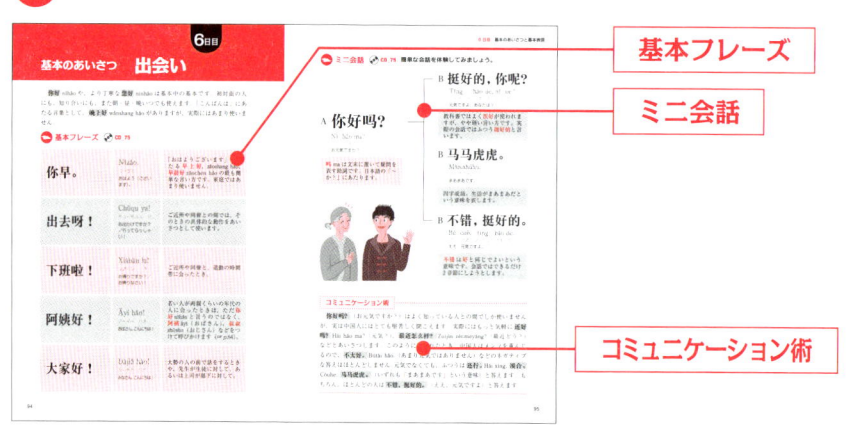

（基本フレーズ／ミニ会話／コミュニケーション術）

6日目はあいさつや、よく使う単語、基本的なフレーズを学習します。「基本フレーズ」をCDで練習した後、「ミニ会話」の音を聞き、実際の会話の雰囲気をつかみましょう。「コミュニケーション術」では、中国ならではの文化やマナーを紹介しています。会話と一緒に、中国の常識も学びましょう。6日目の後半では、数字、曜日などの基本的な単語もマスターします。

🐟 7日目　よくある会話

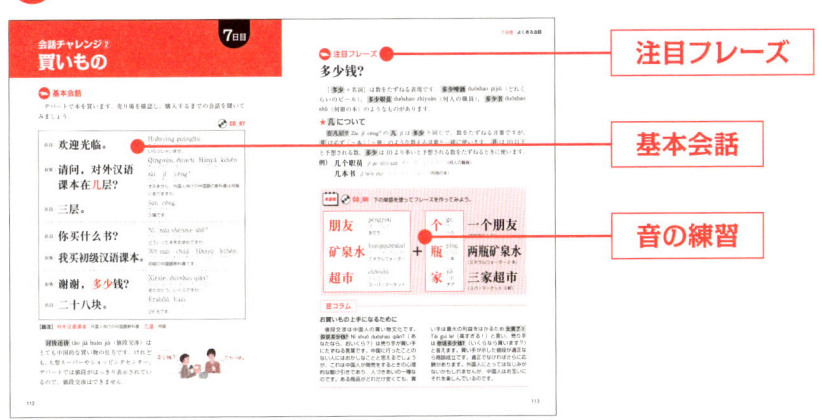

最後となる7日目は、よくある会話のシチュエーションの会話を聞いて、中国語会話の雰囲気を習得していきます。今まで学習してきた音のポイントや単語、言葉の並び方などを復習するつもりで会話を聞いてみましょう。会話の単語や文法をすべて理解しようとするのではなく、会話のニュアンスをつかむことが7日目の最大のポイントです。それぞれのシチュエーションに自分が遭遇したときに、「注目フレーズ」が言えることを目標に学習してください。

7日間達成！

🐟 トレーニング

1～7日目の学習の最後には必ずトレーニングが用意されています。それぞれの日に勉強した内容の復習になっていますので、しっかりとおさらいしましょう。音は何度も聞いて、違いを確認することが大切です。その日の学習の締めくくりとしてだけでなく、時間のあるときには1～7日目のトレーニングだけを取り組むようにしてください。

CDトラック表

TRACK NO.	タイトル	ページ
1	タイトル	
1日目		
2	聞いてみましょう	15
3	聞いてみましょう	16
4	音の高さを聞いてみましょう	17
5	音体験	18
6	クイズ	18
7	会話で音体験	19
8	聞いてみましょう / 発音してみましょう	20
9	漢詩を聞いてみましょう	21
10	声調を聞いてみましょう	22
11	ドリル	23
12	単語帳	24
13	ドリル1 / ドリル2	25
14	トレーニング	26
2日目		
15	単母音 / eの練習 / üの練習	30
16	漢詩を聞いてみましょう	30
17	つづりがa、o、eで始まる複母音	32
18	漢詩を聞いてみましょう	33
19	つづりがiで始まる複母音	34
20	漢詩を聞いてみましょう	35
21	つづりがuで始まる複母音	36
22	聞いてみましょう	37
23	つづりがüで始まる複母音	38
24	聞いてみましょう	39
25	トレーニング	40
26	トレーニング（迷路1 / 迷路2）	43
3日目		
27	子音グループ1	46
28	子音グループ2	47
29	早口言葉	47
30	子音グループ3	48
31	子音グループ4	48
32	なぞなぞを聞いてみましょう	49
33	子音グループ5	50
34	子音グループ6	51
35	f、hの練習 / j-zh、q-ch、x-shの練習	52
36	早口言葉	54
37	l、rの練習	55
38	アル化の音	56
39	トレーニング	58
40	（コラム）唐詩を聞いてみましょう	60
4日目		
41	声調の組み合わせ	62
42	ドリル（声調の組み合わせ［国名］）	63
43	軽声 / 親族の名称 / 意味に関わる軽声	64
44	ドリル	65
45	ian、iangの練習 / en、engの練習	66
46	子音 + iou / uei / uenの練習	67
47	つづりがun / uanになるもの	67
48	zi、zuの練習 / ドリル	68
49	c、qの練習	69
50	なぞなぞを聞いてみましょう	70
51	不の変調	70
52	なぞなぞを聞いてみましょう	71
53	一の変調	71
54	トレーニング	72
5日目		
55	基本の文Ⅰ	80
56	単語帳	80
57	基本ドリル	81
58	展開	81
59	基本の文Ⅱ	82
60	単語帳	82
61	基本ドリル	83
62	展開	83
63	基本の文Ⅲ	84
64	単語帳	84
65	基本ドリル	85
66	展開	85
67	基本の文Ⅳ	86
68	単語帳	86
69	基本ドリル	87
70	展開	87
71	基本の文Ⅴ	88
72	単語帳	88
73	基本ドリル	89
74	展開	89
6日目		
75	基本のあいさつ（出会い）/ ミニ会話	94
76	基本のあいさつ（別れ）/ ミニ会話	96
77	基本の表現 / ミニ会話	98
78	数字 / 曜日 / 便利フレーズ	100
79	日付 / 便利フレーズ	101
80	ものの数え方	102
81	お金の数え方	103
82	基本表現	104
83	トレーニング　数え歌1	106
84	トレーニング　数え歌2	107
7日目		
85	会話チャレンジ①　自己紹介	110
86	単語帳	111
87	会話チャレンジ②　買い物	112
88	単語帳	113
89	会話チャレンジ③　電話	114
90	電話フレーズ	115
91	会話チャレンジ④　食事の注文　レストラン編	118
92	単語帳	119
93	会話チャレンジ⑤　食事の注文　ファーストフード編	120
94	選択疑問文	121
95	単語帳	121
96	トレーニング（中国都市マップ）	122

1日目

中国語の音のしくみ

1日目 中国語の音を知ろう

概要 「中国語」って何？

　突然ですが、「中国語」って何でしょう？　中国語を勉強しようとしてこの本を手にとったのに、何を当たり前な……と思われるかもしれませんね。でも、「中国人が話す言語」では残念ながら×。広大な中国には56の民族がいて、いろいろな言語を話します。その中で人口の約9割を占める漢族が話す言葉が「漢語」（中国語で 汉语 Hànyǔ）。さらに 汉语 の中にも北京語、上海語、広東語などいくつもの方言があります。私たちが学ぶ「中国語」とは、北京語をもとに作られた 普通话 pǔtōnghuà（共通語）というものです。

CHECK!
本書では中国語表記の文字を「太字＋グレーのマーカー」で表しています。（例： 汉语 ）日本語の漢字と似ているので、注意してくださいね。

文字 「簡体字」について

　中国でも日本でも昔は簡略化しない難しい漢字を使っていました。戦後の日本で新字体が使われるようになったのと同様、中国ではまた別の略し方で 简体字 jiǎntǐzì（簡体字）が使われるようになったのです。略字ではなく、これが公式に使われるものです。日本では人名などに旧字も使われますが、中国では基本的に簡体字。香港や台湾では現在も簡略化しない 繁体字 fántǐzì（繁体字、旧字）を使います。

【簡略化の例】

※赤字が簡体字

	繁体字			繁体字		
日本と同じ略し方：	體	→	体	國	→	国
日本と違う略し方：	鹽	↗↘	盐 塩	樂	↗↘	乐 楽
微妙に違うもの ：	對	↗↘	对 対	畫	↗↘	画 画

1日目／中国語の音のしくみ

クイズ 次の簡体字は日本の何という漢字にあたるでしょう？

1) 华 ➡ □　　2) 远 ➡ □
3) 样 ➡ □　　4) 电 ➡ □
5) 习 ➡ □　　6) 开 ➡ □

➡解答は p.27

発音　発音が大切な理由

中国語をやってみたいけど、「発音が難しいらしい」とためらってはいませんか。確かに中国語は他の言語より発音にうるさいかもしれません。でも、発音が大切なのはどんな言語でも同じ。なぜ中国語では特に発音が強調されるのでしょう？　理由のひとつは、子音や母音だけが正しく発音できても、音の高さを間違えると意味が違ってしまう「声調」があるからなのです。

CD_02　聞いてみましょう。

1：shǔ 数 [動詞]（数える）　　shù 数 [名詞]（数）
2：zhòngyào 重要（重要）　　zhōngyào 中药（漢方薬）

同じ発音なのに音の高さが変わるのがわかりましたか。詳しい解説はこの後出てきますので、今は音の高さの変化だけつかんでおきましょう。

拼音　ピンインの役割

漢字は1文字の中にたくさんの情報が詰まった合理的な文字ですが、正確な読み方は漢字の形を見てもわかりません。そこで、中国では昔から漢字の読み方を表すいろいろな方法が考え出されましたが、現在使われているのは **拼音** pīnyīn（ピンイン）というローマ字表記です。発音を表すための記号ではありますが、日本語の50音図と同じような音節表で一覧できるので、英語の発音記号というよりはひらがなに近い役割のものと言えるでしょう。ピンインがわからないとパソコン入力もできませんし、辞書も引けません。

日本人が中国語を学ぶうえでのメリット、デメリット

メリット❶　漢字を知っていること

　日本の漢字とは字形が違うものもありますが、ハングルやアラビア文字などと比べれば断然なじみやすいですね。漢字を見れば大まかな意味がわかるというのは最大のメリットです。欧米の人が漢字を一から学ぶ大変さを考えてみてください。

【簡体字の例】

大、小、一月、经济……

※ちなみに「学校」をハングル文字と比べてみると　　学校　학교

メリット❷　発音が予測できること

　ですから、少し慣れてくると、初めて見る漢字でもかなり近い発音ができるようになってきます。漢字のなりたちもわかっていますし、音読みから類推することもできるからです。

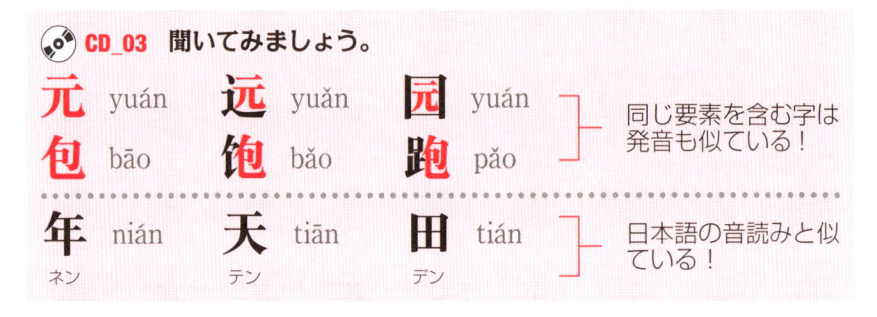

CD_03　聞いてみましょう。

元 yuán	远 yuǎn	园 yuán
包 bāo	饱 bǎo	跑 pǎo

→ 同じ要素を含む字は発音も似ている！

年 nián／ネン	天 tiān／テン	田 tián／デン

→ 日本語の音読みと似ている！

メリット❸　英語の知識が活かせること

　日本語は「私は→何を→どうする」という語順ですが、中国語の基本は「私は→どうする→何を」の順。つまり、文の構造は英語に近いのです。英語を勉強した経験があれば、あまり違和感なく学ぶことができます。

デメリット❶　漢字の落とし穴

　もちろん、よいことばかりではありません。メリット１の裏返しで、漢字に引きずられての間違いもあります。例えば、「冬」と言いたいとき **冬** dōng だけではダメで、**冬天** dōngtiān と言わなければいけません。また、**床** chuáng は「ゆか」ではなく「ベッド」です。こういう、日本語とちょっと違うところは要注意です。

デメリット❷ **話す・聞くのが苦手**

　新しい単語を耳にしたとき、音だけでは吸収できず、漢字でどう書くのかがわかって初めて納得するという傾向があります。そのため、「読む」のは一般に得意ですが、「話す」「聞く」面に関しては、欧米などの学習者のほうが上達が速いようです。

デメリット❸ **中国語の語順**

　語順は英語と似ていますが、やはりすべてが同じというわけにはいきません。英語の前置詞と似た働きをする語が中国語にもあるのですが、文中の位置が違います。「ボールペンで書いてください」を、Please write with a ball-point pen. からの類推で **请填写用圆珠笔。** としてしまうことがありますが、中国語では **请用圆珠笔填写。** Qǐng yòng yuánzhūbǐ tiánxiě. です。

🌋 中国語の発音は本当に難しい？

　「難しい」と感じる理由のひとつは、母語にない発音。確かに、日本語にない音はありますが、それは中国語に限ったことではありません。もうひとつの難点は音の高さ、「声調」です。でも、日本語も音の高さで意味が変わる言語なので、そんなに身構える必要はありません。関西と関東のアクセントの違いはさておき、「橋」と「箸」、「飴」と「雨」はどこを高く発音するかで意味が変わりますね。日本語と中国語では、音の高さが関わるレベルが少し違うだけです。

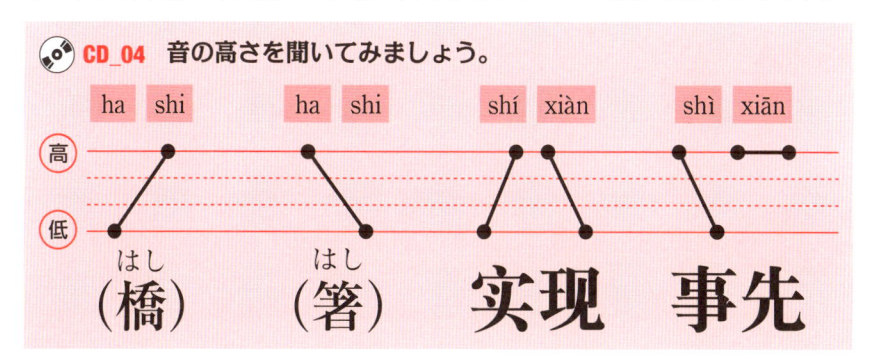

💿 **CD_04** 音の高さを聞いてみましょう。

ha shi	ha shi	shí xiàn	shì xiān
（橋）	（箸）	实现	事先

🌋 ではどうするか？

　克服する手段は、とにかく聞いて、真似して音に慣れること。たまに、「自分は音痴だから……」と諦めてしまう人がいます。でもちょっと待ってください。中国にだって歌が苦手な人はいます。要は慣れなのです。興味があるのなら、まずは始めてみてください。本書が、その第一歩を踏み出してもらうための足がかりになれば幸いです。

1日目
中国語の音体験

🍜 日本語になっている中国語の言葉で音体験

　日本語には、中国語がそのまま使われているものがたくさんあります。次の例はふだんどう読んでいますか？

・マーボー豆腐　　・タンタンメン　　・ウーロン茶

では、実際の中国語ではどう発音されるか聞いてみましょう。

💿 **CD_05**

麻婆豆腐
mápó dòufu
マーボードウフ

担担面
dāndānmiàn
ダンダンミエン

乌龙茶
wūlóngchá
ウールーンチャー

CHECK!
※日本語のカナで中国語の発音を示すのには無理があるので、カナで示した中国語の発音は、あくまでも補助的なものです。詳しいことは2日目の発音を参考にし、CDの発音を聞いて正しい発音をつかんでください。
※　カナの下に⌣がある音（例：チ̬）は子音グループ5（☞ p.50）の音を表します。

クイズ❓　力試しをしてみましょう。中国語の発音を聞いて、どの漢字の発音を表すものか線で結んでください。漢字の知識や音読みからかなり類推できるはずです。

💿 **CD_06**

1) ・　　　　・红茶（紅茶）
2) ・　　　　・咖啡（コーヒー）
3) ・　　　　・绿茶（緑茶）
4) ・　　　　・可乐（コーラ）

➡解答は p.27

会話で音体験

中国語の簡単な文を聞いてみましょう。ちょっと難しい発音もありますが、真似をしてみてください。

CD_07

你好！我叫张明。你呢？ こんにちは。張明と申します。あなたは？
Nǐhǎo! Wǒ jiào Zhāng Míng. Nǐ ne?
ニーハオ　　ウオ　ヂアオ　ジャーン　　ミーン　　ニー　　ナ

我叫铃木由美。 私は鈴木由美と申します。
Wǒ jiào Língmù Yóuměi.
ウオ　ヂアオ　　リーンムー　　　ヨウメイ

豆コラム

日本語の音の高さはどれくらい？

ふだん私たちが話している日本語の音域と中国語で使われている音域を比べてみましょう。中国語と日本語の「高い」「低い」のMAX値を図で表すとこんな感じです。

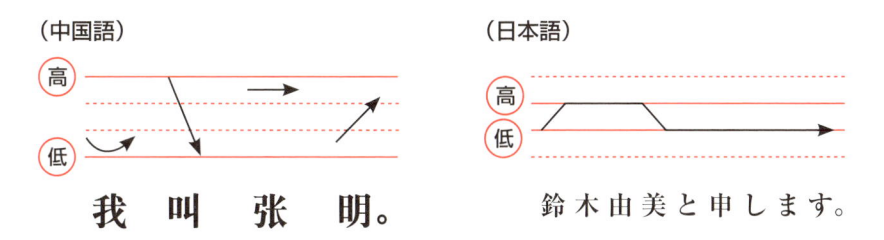

（中国語）　　　　　　　　　　（日本語）

我　叫　张　明。　　　　鈴木由美と申します。

🔺 文を解析

前ページの文の構造を見てみましょう。

我	叫	张明。
私	～という	[人名]
主語	動詞	目的語

　動詞「～という（名前である）」が主語のすぐ後にきていますね。さて、お気づきかもしれませんが、中国語では、すべての漢字を中国語読みします。ひらがなやカタカナの名前も漢字を当てて中国語読みします。漢和辞典を見ると中国語の読み方が載っているので、自分の名前が中国語でどういう読みになるか調べてみましょう。★日本人の名前は「姓－名」の順序のままです。
　※辞書の引き方については☞ p.127。

🔴 CD_08　聞いてみましょう。

浜崎あゆみ → 浜崎步　Bīnqí Bù
　　　　　　　　　　ビンチー　ブー

松たか子 → 松隆子　Sōng Lóngzǐ
　　　　　　　　　　スーン　ルーンズー

🔴 CD_08　発音してみましょう。

前ページの文に出てきた単語の音を、CDについてひとつずつ発音してみましょう。詳しいことは後で説明しますので、まずは音をよく聞いてチャレンジしてください。

nǐhǎo	你好	（こんにちは）
wǒ	我	（私）
jiào	叫	（～という名前である）
nǐ	你	（あなた、君）
ne	呢	（～は？）

1日目／中国語の音のしくみ

🐟 漢詩で音体験

ここで、漢詩を聞いてみましょう。日本でもよく知られている孟浩然の「春暁」です。学校の漢文の授業で読んだことがあるという方は、日本語の書き下し文を一度思い出してみてください。

春暁 Chūnxiāo　　**孟浩然** Mèng hào rán　　🎧 **CD_09**
チュンシアオ

春暁　孟浩然

春眠不觉晓， Chūn mián bù jué xiǎo,
チュン　ミエン　ブー　ヂュエ　シアオ

春眠　暁を覚えず

处处闻啼鸟。 chù chù wén tí niǎo.
チュー　チュー　ウエン　ティー　ニアオ

処処に啼鳥を聞く

夜来风雨声， Yè lái fēng yǔ shēng,
イエ　ライ　フォーン　ウィー　ショーン

夜来　風雨の声

花落知多少。 huā luò zhī duō shǎo.
ホア　ルオ　ジー　ドゥオ　シャオ

花落つること知んぬ多少ぞ

（『唐詩選（下）』前野直彬注解、岩波文庫）

いかがですか？　中国語はメロディーを持った歌のように聞こえませんか。

豆コラム

日中同義成語

日本語と同じ意味で使える中国語の四字成語です。字は簡体字と漢字で少し違うところもありますが、成語を見れば意味があたまに浮かんでくるでしょう。

百发百中	bǎi fā bǎi zhòng バイ　ファー　バイ　ジューン	（百発百中）
半信半疑	bàn xìn bàn yí バン　シン　バン　イー	（半信半疑）
惊天动地	jīng tiān dòng dì ヂーン　ティエン　ドゥーン　ディー	（驚天動地）
空前绝后	kōng qián jué hòu クーン　チエン　ヂュエ　ホウ	（空前絶後）
千篇一律	qiān piān yí lǜ チエン　ピエン　イー　リュィー	（千篇一律）

1日目
四声について

🐟 声調を知ろう　　　　　　　　　　　💿 CD_10

　中国語には4つの声調があります。声調とは音の調子、音の高さです。「高い音」「上がる音」「低い音」「下がる音」の4種類があります。まず「高い音」「低い音」を聞いてみましょう。CDの後について発音してください。maで練習します（CDには男性と女性の声で、それぞれの音が収録されています）。

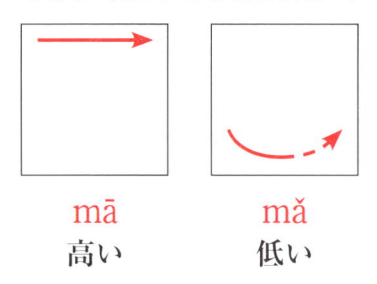

　　mā　　　mǎ
　　高い　　低い

では次に、上がる音と下がる音です。

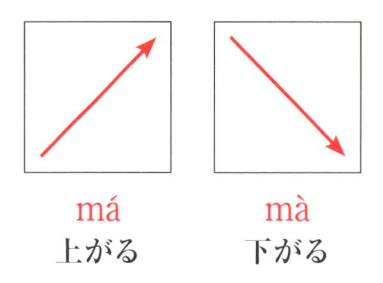

　　má　　　mà
　　上がる　下がる

4つまとめて聞きます。この順序をしっかり覚えましょう。

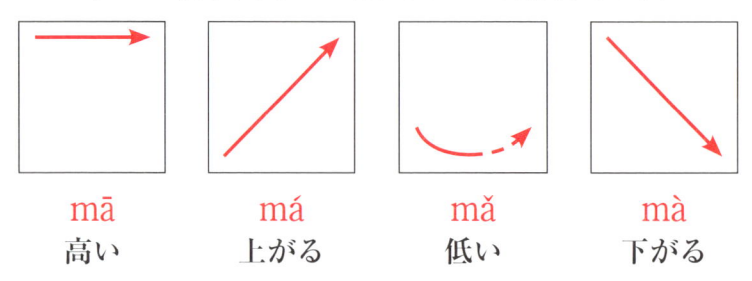

　　mā　　　má　　　mǎ　　　mà
　　高い　　上がる　低い　　下がる

これが、第1声、第2声、第3声、第4声です。

1日目／中国語の音のしくみ

🔴 声調記号

それぞれの声調は、次のような記号で表します。声調記号は母音の上につけます（詳しくは☞ p.39）。

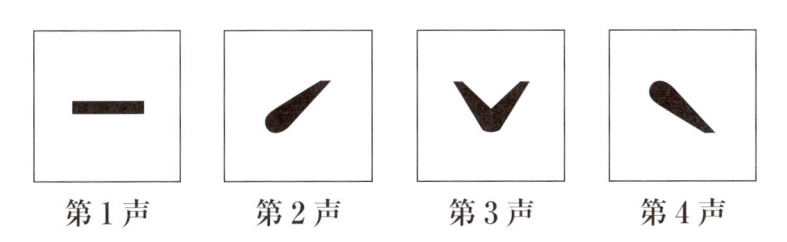

ー	╱	∨	╲
第1声	第2声	第3声	第4声

ドリル　CD_11

1) 音を聞いて、声調記号を□の中に書き入れましょう。まず、高い音と低い音、つまり第1声と第3声の組み合わせです。

□ □　□ □　□ □

2) 次は上がる音と下がる音、つまり第2声と第4声の組み合わせです。

□ □　□ □　□ □

3) 最後に4つまとめて聞きます。

□ □ □ □　□ □ □ □

➡解答は p.27

🔊 発音のポイント

　声調は音符ではないので、決まった高さがあるわけではありません。ただ、日本語よりは高低の差を大きくしましょう。「やりすぎかな？」と思うくらいでちょうどいいのです。

第1声	簡単そうですが、意外と曲者。十分高い音が出ない人が多いのです。自分の音域の中で、できるだけ高い音を出します。「これから抜き打ちテストをします」「えーっ！」と悲鳴を上げるような気持ちで。
第2声	思いきって上げないと2声に聞こえません。「埋蔵金を掘り当てたら山分けしよう」「はあ？ 何言ってんの？」のような気持ちで。
第3声	3声は低く抑えます。低いだけの音というのは生理的に発音しにくいので、前後が少し上がって聞こえるかもしれません。ただ、意識としてはとにかく「低く」を心がけてください。「う〜ん……ま、いいか」のような気持ちで。
第4声	出だしをうんと高く、そこから一気に落とします。「ああ、そういうことね」のような気持ちで。

単語帳 💿 **CD_12**　声調の違いで意味が変わることを意識しながら読んでみましょう。

ma			**ba**			**ji**		
mā	妈	（お母さん）	bā	八	（8）	jī	鸡	（鶏）
má	麻	（麻）	bá	拔	（抜く）	jí	吉	（吉）
mǎ	马	（馬）	bǎ	把	（〜を）	jǐ	几	（いくつ）
mà	骂	（ののしる）	bà	爸	（お父さん）	jì	寄	（郵送する）

1日目／中国語の音のしくみ

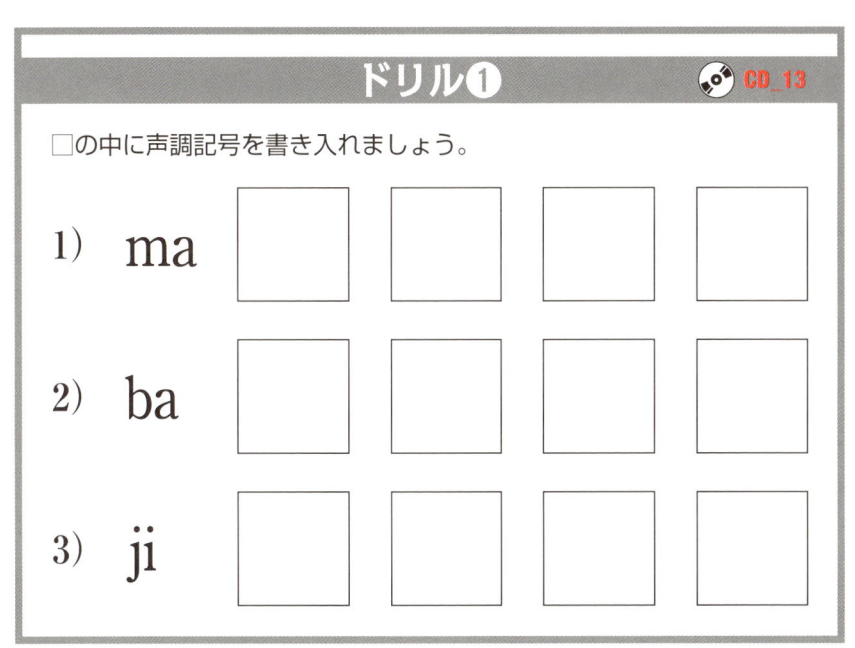

ドリル❶ CD_13

□の中に声調記号を書き入れましょう。

1) ma □ □ □ □

2) ba □ □ □ □

3) ji □ □ □ □

➡解答は p.27

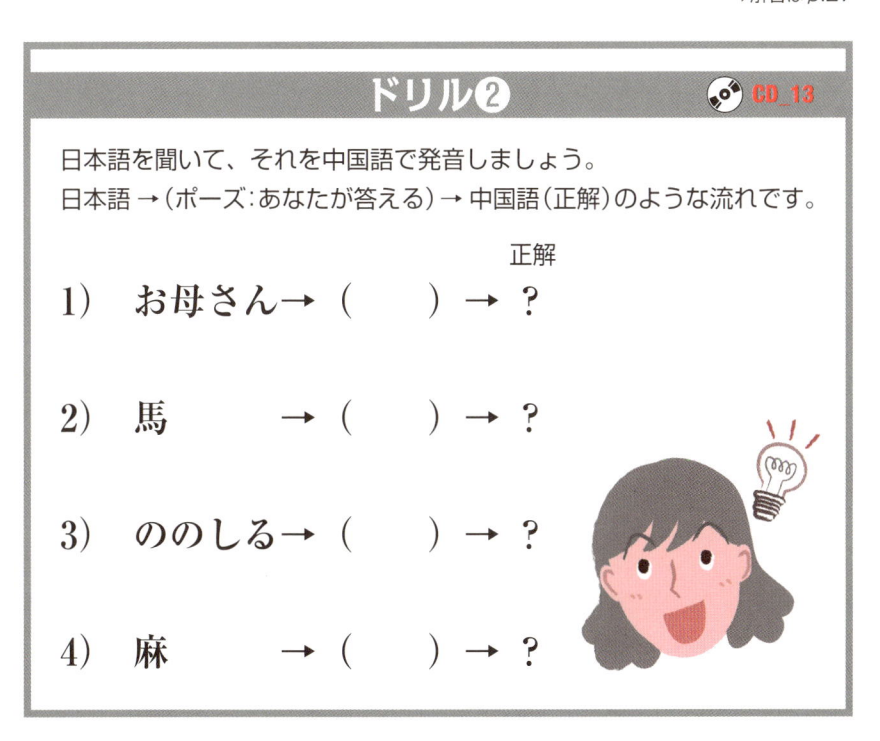

ドリル❷ CD_13

日本語を聞いて、それを中国語で発音しましょう。
日本語 →（ポーズ：あなたが答える）→ 中国語（正解）のような流れです。

　　　　　　　　　　　　　正解

1)　お母さん→（　）→ ?

2)　馬　　　→（　）→ ?

3)　ののしる→（　）→ ?

4)　麻　　　→（　）→ ?

1日目 トレーニング

🎵 CD_14

　ここまでに出てきたいくつかの音に、声調をつけて発音します。□の中に声調記号を書き入れましょう。

1) □ □ □ □

2) □ □ □ □

3) □ □ □ □

4) □ □ □ □

➡解答は*p.*128

解答

p.15 クイズ
1) 華　2) 遠　3) 様　4) 電　5) 習　6) 開

p.15 クイズ
1) 咖啡　2) 可乐　3) 红茶　4) 绿茶

p.23 ドリル

1) ー ∨ ／ ∨ ー ー ー

1) ／ ＼ ／ ／ ＼ ＼

1) ー ＼ ∨ ／ ∨ ＼ ／ ー

p.25 ドリル 1

1) ma　＼　／　∨　ー

2) ba　ー　∨　／　＼

3) ji　／　ー　∨　＼

コラム❶

日本に来た中国人が驚くこと

「狭い！」だけど「なんでもある！」

「わあ、日本ってなんて狭いんだろう」。私の知る限り、たいていの中国人が日本に来てまず驚くのはこのことです。23年前、日本に着いて夫の借りている四畳半のアパートに足を踏み入れたとき、私は驚きのあまり一晩眠れませんでした。私の家の台所でもこの3倍はあるからです。

90年代初め、日本を訪れる中国人はしばしば、日本人が中国人をバカにしていちばん小さな部屋をあてがっているのだと考えました。しかし、日本の狭さの次に中国人が驚くのはその中に何でも揃っていることなのです。

トレーは持って行っちゃダメよ

私が初めて日本に来たとき、夫が銀行の預金手続きに連れて行ってくれました。中国の銀行員がお金をぽいっと投げてよこすのに慣れていた私は、銀行員が通帳を載せたトレーを両手でうやうやしく差し出したとき、どぎまぎしてこう思いました——通帳のほかにトレーまでくれるとは、なんて大切にしてくれるんだろう。私はトレーを持ってうきうきと銀行を出ました。通帳をしまって夫にトレーを見せ、「日本ってサービスがいいのね、お金を預けたらこのトレーをくれたわ」と言いました。

夫は立ち止まると、「バカだな、それは銀行がお客用に使うものだよ」と大笑いしました。私はしばし茫然とし、慌ててトレーを返しに行きました。

それはともかく、日本に旅行に来る中国人は、「日本のサービスは本当に神様気分を味わえるよ」と口をそろえて言います。中国のサービス業のスローガンは「お客様は神様です」なのですが……。

日本語ナンバーワン？

「日本人の英会話のお粗末さったら、びっくりだわ」。ある友人のお嬢さんが、日本に着いたとき私にこう言いました。カンボジアでは、人力車の車夫とも流暢な英語でコミュニケーションできた、日本では接客態度はいいのに、英語で話しかけたとたんに口をつぐんでしまうと彼女は言います。教育水準がこれほどに高い国で、なぜこんなに英会話ができないのでしょう？　日本を旅行したことのある若い人たちは、ネットで「それは日本人が外国を崇拝したり媚を売ったりしたがらないからだ。自分たちの言葉だけをしゃべろうとするのは日本人のプライドの表れだ」と評しています。日本人として、この評価をどう思いますか？

2日目

中国語の発音
―― 母音

母音を発音する正しい口のかたちを動画で見ることができます。音だけでなく口のかたちも確認しながら学習しましょう。
URL http://www.cosmopier.com/movie/movie_top.html

2日目 中国語の発音 単母音

単母音とは　　　　　　　　　　　　　　　　　　　　　CD_15

　中国語の単母音は6つあります。もうひとつ、前に子音がつかない特殊な母音erもここで一緒に練習します。どれも、日本語より口の動きを大きくしましょう。声調と同じく、「やりすぎかな？」と思うくらいでちょうどいいのです。日本語に似たものがない、あるいは苦手な人が多い発音（下の表の赤色の音）を中心に説明します。

　CDでは、すべての音を通して聞いた後、音をひとつずつリピートできるように収録されています。

単母音	※i、u、üの（ ）は前に子音がつかないときの表記
a	日本語の「ア」より口を大きく開けます。
o	日本語の「オ」より口を大きく丸くします。
e	「エ」ではありません。詳しくは☞ p.31
i(yi)	日本語の「イ」より口を横にしっかり引きます。
u(wu)	日本語の「ウ」より口をぐっとすぼめます。
ü(yu)	「ユ」ではありません。詳しくは☞ p.31
er	「ア」を発音した後、舌先をくるっと丸めます。前に子音がつくことがない、特殊な母音です。

CHECK! i、u、üはその前に子音がつかないときには、それぞれ yi、wu、yu と表記します。

例）　【子音がつくとき】　　【子音がつかないとき】
　　　j + i → ji　　　　　　i → yi
　　　g + u → gu　　　　　u → wu
　　　l + ü → lü　　　　　ü → yu

🗣 難しい音チェック

e 　日本語の「エ」ではありません。最初は、真上を向いて口を半開きにしてみてください。のどに力が入り、舌が奥に落ち込む感覚がわかりますか。口をaのように大きく開けると、のどが楽になってしまうので、のどが引っ張られるくらいの開け方で、のどの奥から声を出します。慣れてきたら、前を向いたままこの音が出るようにしましょう。

単語帳 🎧 CD_15　eの練習

é　ウァー　鵝（ガチョウ）　　　è　ウァー　饿（お腹がすく）

ü(yu) 　uの上の¨は「ウムラウト」と言います。最初は次のような手順で発音してみましょう。まず口を横に引いてiを発音し、舌の位置をキープしたまま唇だけをすぼめます。唇はu、口の中ではiを発音しようとするようなイメージです。慣れてきたら、始めからこの音が出るようにしましょう。

単語帳 🎧 CD_15　üの練習

yú　ユィー　鱼（魚）　　yǔ　ユィー　雨（雨）　　yù　ユィー　玉（玉）
Éyǔ　ウァーユィー　俄语（ロシア語）　　èyú　ウァーユィー　鳄鱼（ワニ）

▌聞いてみましょう　🎧 CD_16

　eの音が印象的な漢詩を聞きます。eとüの音に注意して聞きましょう。quのつづりについては別のところで詳しく説明します。（☞ p.49）

咏鹅　骆宾王

鹅，鹅，鹅，É, é, é,
曲项向天歌。qū xiàng xiàng tiān gē.
白毛浮绿水，Bái máo fú lǜ shuǐ,
红掌拨清波。hóng zhǎng bō qīng bō.

【書き下し】

鵞を詠う　骆賓王

鵞、鵞、鵞
曲項を天に向けて歌う
白毛緑水に浮かんで
紅掌清波を撥ねる

2日目
中国語の発音 複母音

🐊 複母音とは

　中国語の母音はふたつまたは3つの母音が組み合わさるもの、-nや-ngで終わるものがあります。単母音ではeは日本語の音とはまったく異なるので要注意でしたが、複母音では日本語の「エ」と同じように発音してほぼ問題ありません。複母音として使われるeの音には、単母音eの音は存在しません。

つづりがa、o、eで始まる複母音　 CD_17

ai	ei	ao	ou	an	en	ang	**eng**	ong
ia	ie	iao	iou/-iu	ian	in	iang	ing	iong
ua	uo	uai	uei/-ui	uan	uen/-un	uang	ueng	
üe	üan	ün						

それぞれを発音するときのポイントは以下のとおりです。

つづりがaで始まる母音

ai	「アイ」
ao	「アオ」
an	「アン」
ang	「アン」

CHECK!
anとangは日本語では「アン」としか表記できませんが、区別して発音しなければなりません。詳しくは☞p.33の「-nと-ng」を参照。

つづりがeで始まる母音

ei	「エイ」
en	「エン」
eng	あいまいな「オン」です。詳しくは☞p.33

つづりがoで始まる母音

ou	「オウ」
ong	必ず前に子音がつきます。☞p.138 音節表

難しい音チェック

eng つづりに惑わされて「エン」と読んではいけません。これは単母音で練習したeに近い、あいまいな音です。

CD_17　eng の練習

ēng　éng　ěng　èng

-nと-ng -n は最後に舌を口の天井にぴたっとつけます。-ng は最後に舌が口の中で浮いた状態です。終わりが -n か -ng かによって、その前の母音も少し違いがあります。CD の音声をよく聞いてください。この後に出てくるものも、-n と -ng はすべてこの区別があります。

CD_17　-n、-ng で終わる音

an – ang　en – eng

-n は舌が天井についている状態
-ng は舌が浮いている状態

CHECK!
実は日本語でも -n と -ng を区別しています。「アンナイ（案内）」というときの「アン」、「アンガイ（案外）」というときの「アン」では舌の位置が違いますね。どちらも「ン」と表記するため、私たちはふだん意識することがないだけなのです。

聞いてみましょう　CD_18

eng と an、ang の音に注意して次の漢詩を聞いてみましょう。

登鸛雀楼　王之渙

白日依山尽，Bái rì yī shān jìn,
黄河入海流。huáng hé rù hǎi liú.
欲穷千里目，yù qióng qiān lǐ mù,
更上一层楼。gèng shàng yì céng lóu.

（『唐詩選（下）』前野直彬注解、岩波文庫）

【書き下し】

鸛雀楼に登る　王之渙

白日　山に依って尽き
黄河　海に入って流る
千里の目を窮めんと欲して
更に上る　一層の楼

つづりが i で始まる複母音 🎵 CD_19

ai ei ao ou an en ang eng ong
ia ie iao iou/-iu ian in iang ing iong
ua uo uai uei/-ui uan uen/-un uang ueng
üe üan ün

　iの後に日本語の「アイウエオ」をつけて、発音のポイントを説明します。子音がつかない場合、iで始まる母音は下の表の（ ）のように表記します。子音を使った単語の練習は3日目で紹介しますので、今は母音だけを集中的に練習します。

※（ ）は前に子音がつかないときの表記

ア	**ia**(ya)	「イア」という気持ちで。
	iao(yao)	「イアオ」という気持ちで。
	iang(yang)	「イアン」という気持ちで。
イ	i(yi)	単母音のiのことです。
	in(yin)	「イン」
	ing(ying)	「イン」
ウ	**iu**	子音がつくとき、iouのoが、消えてiuとなります。詳しくは☞ p.66
エ	**ie**(ye)	「イエ」
	ian(yan)	つづりに惑わされないように。☞ p.35
オ	**iou**(you)	「イオウ」という気持ちで。
	iong(yong)	「イオン」という気持ちで。

-n と -ng の発音の違いについては☞ p.33。

難しい音チェック

ian(yan)　iang(yang)

yang は見たとおりに読みますが、yan は「イアン」ではなく「イエン」です。yen というつづりはありません。

単語帳　CD_19　ü の練習

yān	イエン	烟（タバコ）	yāng	ヤン	秧（苗）
yán	イエン	盐（塩）	yáng	ヤン	羊（ヒツジ）
yǎn	イエン	演（演じる）	yǎng	ヤン	养（飼う）
yàn	イエン	燕（ツバメ）	yàng	ヤン	样（様子）

聞いてみましょう　CD_20

-ian と -iang の音に注意して聞きましょう。

枫桥夜泊　张继

月落乌啼霜满天，　　　Yuè luò wū tí shuāng mǎn tiān,
江枫渔火对愁眠。　　　jiāng fēng yú huǒ duì chóu mián.
姑苏城外寒山寺，　　　Gū sū chéng wài hán shān sì,
夜半钟声到客船。　　　yè bàn zhōng shēng dào kè chuán.

【書き下し】

楓橋夜泊　張継

月落ち烏啼いて霜天に満つ
江楓　漁火　愁眠に対す
姑蘇城外　寒山寺
夜半の鐘声　客船に到る

(『唐詩選（下）』前野直彬注解、岩波文庫)

つづりが u で始まる複母音　CD_21

ai ei ao ou an en ang eng ong
ia ie iao iou/-iu ian in iang ing iong
ua uo uai uei/-ui uan uen/-un uang ueng
üe üan ün

　u の後に日本語の「アイウエオ」をつけて練習します。子音がつかない場合、u で始まる母音は下の表の（　）のように表記します。

※（　）は前に子音がつかないときの表記

ア	**ua**(wa)	「ウア」という気持ちで。
	uai(wai)	「ウアイ」という気持ちで。
	uan(wan)	「ウアン」という気持ちで。
	uang(wang)	「ウアン」
イ	**ui**	子音がつくとき、uei の e が消えて ui となります。詳しくは☞ p.66
ウ	**u**(wu)	単母音の u のことです。
	un	子音がつくとき、uen の e が消えて un となります。詳しくは☞ p.67
	ueng(weng)	☞ p.37
エ	**uei**(wei)	「ウエイ」
	uen(wen)	「ウエン」
オ	**uo**(wo)	「ウオ」

-n と -ng の発音の違いについては☞ p.33。

uen(wen) ueng(weng)

wenは見た目のとおりに読んでかまいませんが、子音がつくときは-unとつづります（☞p.67）。wengは「ウァン」と「ウォン」の中間くらいのあいまいな音です。「ウェン」と読んではいけません。wengは前に子音がつくことがない、特殊な母音です。

単語帳 CD_21　wen、wengの練習

wēn　ウエン　温（ぬるい）　　wēng　ウォン　翁（老人）
wén　ウエン　闻（においを嗅ぐ）
wèn　ウエン　问（たずねる）　　wèng　ウォン　瓮（かめ）

聞いてみましょう　CD_22

wenとwengの音に注意して四字成語を聞きましょう。

温故知新　wēn gù zhī xīn　（温故知新［故きを温ねて新しきを知る］）
塞翁失马　sài wēng shī mǎ　（人間万事塞翁が馬）

豆知識

ピンインが-nで終わる漢字は日本語で音読みすると「ン」で終わり、ピンインが-ngで終わる漢字は音読みすると「イ」「ウ」など伸ばす音で終わります。ごくわずかに例外はありますが、ほとんどはこのルールどおりです。

ピンインが-nで終わる漢字

　オン　　　　マン　　　　ジン
　温 wēn　　万 wàn　　尽 jìn

ピンインが-ngで終わる漢字

　オウ　　　　ボウ　　　　セイ
　翁 wēng　　望 wàng　　静 jìng

つづりがüで始まる複母音 CD_23

ai ei ao ou an en ang eng ong
ia ie iao iou(-iu) ian in iang ing iong
ua uo uai uei(-ui) uan uen(-un) uang ueng
üe **üan** **ün**

子音がつかない場合、üで始まる母音は下の表の（　）のように表記します。

※（　）は前に子音がつかないときの表記

üe(yue)	üの後に「エ」。「イエ」とならないように。
üan(yuan)	üの後に「アン」または「エン」。
ün(yun)	「ユィン」のような気持ちで。

難しい音チェック

üe(yue)　　**üan**(yuan)　　**ün**(yun)

つづりに惑わされて日本語の「ユ」にならないように、どれもüの音に気をつけて発音しましょう。

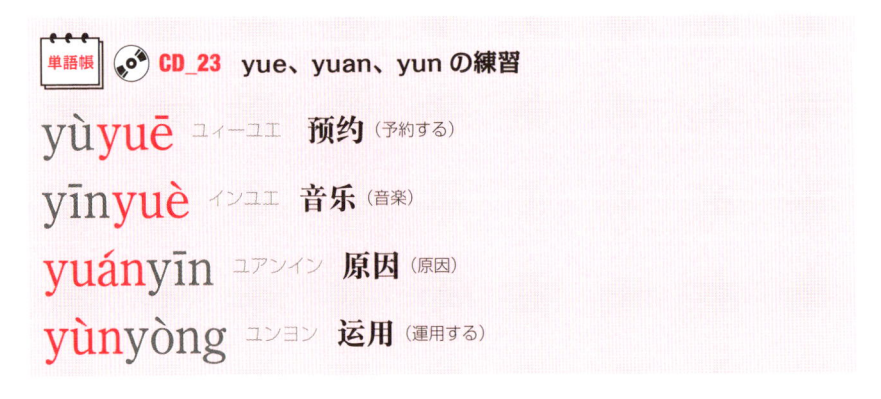

単語帳 CD_23　yue、yuan、yunの練習

yùyuē　ユィーユエ　预约（予約する）
yīnyuè　インユエ　音乐（音楽）
yuányīn　ユアンイン　原因（原因）
yùnyòng　ユンヨン　运用（運用する）

聞いてみましょう CD_24

yue、yuan、yun の音に注意して聞きましょう。

日新月异　rì xīn yuè yì　（日進月歩）
有朋自远方来　yǒu péng zì yuǎn fāng lái　（朋有り遠方より来る）
云消雾散　yún xiāo wù sàn　（雲散霧消）

豆知識

声調記号のルール

　声調記号は母音の上につけます。母音に使われるアルファベットは a、o、e、i、u、ü の6つでしたね。単母音なら迷うことはありません。ではこれがふたつ以上組み合わさる複母音ではどうするかというと、声調記号をつける位置の優先順位が決まっているのです。

声調記号の優先順位

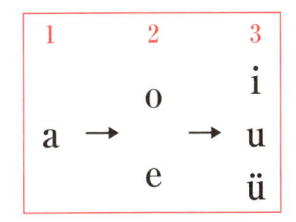

```
   1     2     3
         o     i
   a  →     →  u
         e     ü
```

例） yuǎn 远 （遠い）　　yǒu 有 （ある）
　　 yuè 月 （月）　　　wèi 为 （～のため）

　つまり、a があれば最優先。a がなければ o か e。それもなければ i、u、ü の上につけます。o と e が一緒に出てくることはありませんが、子音がつくと -iu、-ui というつづりが出てきます（☞ p.66、67）。その場合はどちらも後ろにつけます。また、i に声調記号をつける場合は上の・を取って、かわりに声調記号をつけます。

例） diū 丢 （なくす）　　guì 贵 （値段が高い）

2日目 トレーニング

CD_25

母音の聞き取り

では、母音を使った聞き取りの練習をしてみましょう。CDの音を聞いて発音された音を聞き分けてみてください。

---

1 発音されたほうに〇をつけましょう。

1) a　　e　　　　2) yi　　yu
3) wu　yu　　　　4) e　　wu
5) o　　e

---

2 発音されたほうに〇をつけましょう。

1) ao　ou　　　　2) wo　　ou
3) ye　yue　　　4) wai　wei
5) yao　you

---

3 発音されたほうに〇をつけましょう。

1) an　　en　　　2) ying　yong
3) yun　yuan　　 4) ang　　eng
5) yan　yang

四声つき母音の聞き取り

次は母音に四声がついた音で聞き取りの練習です。母音だけでなく四声の変化に注意して音を聞き分けてみましょう。

---

4 発音されたものに○をつけましょう。

1) à   ò   è   2) yǐ   wǔ   yǔ

3) ér   ěr   èr   4) ēn   wēn   wān

5) è   wù   wò

----

5 発音されたものに○をつけましょう。

1) á   é   è   2) yì   yí   yú

3) yǔ   wǔ   wù   4) wú   è   wù

5) ě   ó   é

----

6 3つのうち、ふたつを発音します。
　発音された順に（ ）に番号を書き入れましょう。

1) wāi   wài   wèi   2) yǒu   yào   yòu
   (　)   (　)   (　)   (　)   (　)   (　)

3) yún   yìn   yùn   4) ān   ēn   àn
   (　)   (　)   (　)   (　)   (　)   (　)

5) wān   wèn   wēn
   (　)   (　)   (　)

🔴 四声つき母音の書き取り

声調記号を書き込む練習です。音の上がり下がりをよく聞いて、正しい声調記号を書き込んでみましょう。

---

7 発音を聞いて、□に声調記号を書き入れましょう。

1) **a** □　　2) **yi** □

3) **yu** □　　4) **wu** □

5) **er** □

---

8 発音を聞いて、□に声調記号を書き入れましょう。

1) **ai** □　　2) **ei** □

3) **you** □　　4) **weng** □

5) **yuan** □

---

9 発音を聞いて、文字の上に声調記号をつけましょう。

1) **yao**　　2) **wei**

3) **yue**　　4) **wai**

5) **you**

🎯 音迷路

CD_26

発音された単母音をたどっていきましょう。タテ・ヨコには進むことができますが、ナナメには進めません。また、マスを飛び越えて進んではいけません。出口はA〜Dのどこでしょう？

迷路1

START

a	e	wu	yi	er	yu
wu	o	yu	a	wu	yi
o	yu	er	yi	e	er
e	a	wu	o	o	yi
yu	er	wu	a	yu	e
er	yi	a	e	er	a

→ D (row 2)
→ C (row 5)
↓ A (col 2)　↓ B (col 5)

迷路2

START

ya	wang	ou	wei	ao	wa
weng	ei	wai	yong	ei	yuan
ai	wei	yin	wan	ying	wen
you	yue	yong	yun	weng	ye
yao	ying	wo	ei	yong	ou
yao	ou	ye	yin	yun	an

→ D (row 1)
A ← (row 5)
↓ B (col 2)　↓ C (col 5)

➡解答は p.128

コラム❷

中国に来た日本人が驚くこと

　日本には「赤信号、みんなで渡ればこわくない」というブラック・ユーモアがあるが、中国の歩行者にとっては、これは別に普通のことで、ブラックでもユーモアでもない。

　中国の都市はなにせ人が多い。赤信号でも大量の自転車と歩行者が車のとぎれ目をねらって渡るので、車は立ち往生。信号はほとんどその役割を果たさなくなる。そのお返しに、というわけではないだろうが、右折車（中国では車は右側通行）は「常時右折可」なので、歩行者がいようといまいと猛スピードで突っ込んでくる。青だからといって安心して横断歩道を渡ってはいけないのだ。

　バスに乗っていると、もう信号が赤に変わって車が走りだしているのに、歩くのもやっとのおばあさんが道路を渡っている光景とか、孫を自転車の荷台にのせて、バスのそばをよろよろとこぐおじいさんの姿とかが日常的にみられる。びっくりするのは、両車線とも車がビュンビュン走る道路のまんなかで何人かが立っている風景（写真参照）。北京でよく見かけるが、渡れる道路は半分渡って、まんなかで次の半分の車がとぎれるのを待っている人たちだ。こわくないのだろうか？　日本ではまず目にすることができない光景である。

　道路はきれいに車線ができていたためしがなく、2車線のはずがいつのまにか3車線になっているとか、車は車で優先もクソもなく隙間があればわれ先にと頭をつっこむとか、なぜかタテ・ヨコ・ナナメさまざまに車が組み合わさってにっちもさっちもいかないとか、日本人の目からみると、みんなが「好き放題」に運転しているとしか思えない。混沌というか、エネルギッシュというか……。それでも何とか機能しているわけだから、まあ、これが十数億の人口をかかえる中国の人々の、活力の現れというべきかもしれない。

森田六朗
（北京・対外経済貿易大学日本語教師）

撮影：森田六朗

3日目

中国語の発音
——子音

子音を発音する正しい口のかたちを動画で見ることができます。音だけでなく口のかたちも確認しながら学習しましょう。
URL　http://www.cosmopier.com/movie/movie_top.html

3日目 注意が必要な発音

🐟 子音とは

中国語には21の子音があります。子音は後に必ず母音が組み合わさってひとつの音になります。

🐟 有気音と無気音

日本語に濁音と清音の区別があるように、中国語には無気音と有気音という区別があります。有気音とは「気音」、つまり空気が出る音が聞こえるという意味です。有気音のpoは「プホー」のように、空気が出る音に続いて、やや遅れて母音が聞こえます。

21の子音を6つのグループに分けて練習します。

子音グループ1 💿 CD_27

b	p	m	f
d	t	n	l
g	k	h	
j	q	x	
zh	ch	sh	r
z	c	s	

・発音に唇が関わる子音のグループです。
・母音oをつけて、bo、poのように練習します。
・子音m、fは見たとおりに発音します。

無気音(b)と有気音(p)のペア

※m、fは無気音、有気音ではありません。

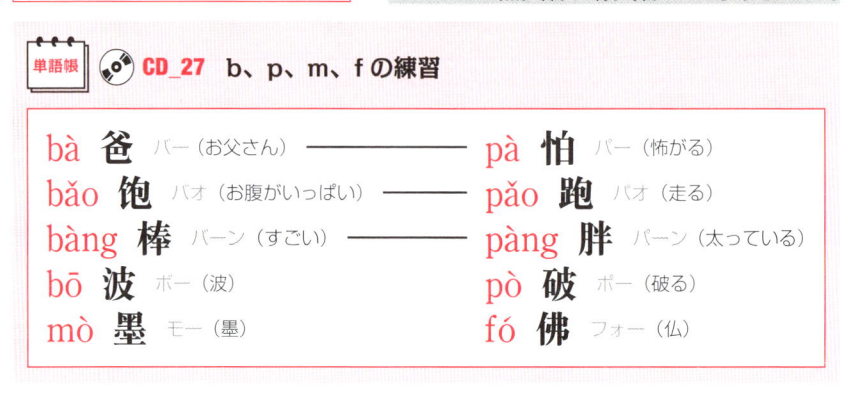

単語帳 💿 **CD_27** b、p、m、fの練習

bà 爸 バー (お父さん)	pà 怕 パー (怖がる)
bǎo 饱 バオ (お腹がいっぱい)	pǎo 跑 パオ (走る)
bàng 棒 バーン (すごい)	pàng 胖 パーン (太っている)
bō 波 ボー (波)	pò 破 ポー (破る)
mò 墨 モー (墨)	fó 佛 フォー (仏)

子音グループ2 🎵 CD_28

b	p	m	f
d	**t**	**n**	**l**
g	k	h	
j	q	x	
zh	ch	sh	r
z	c	s	

・舌先を上の歯の裏側につけてから発音する子音のグループです。
・母音eをつけて、de、teのように練習します。
・子音n、lは見たとおりに発音します。

無気音（d）と有気音（t）のペア

※n、lは無気音、有気音ではありません。

このグループのdとtも無気音と有気音です。無気音と有気音のペアは各グループにひとつずつあり、全部で6ペアあります。

単語帳 🎵 CD_28　d、t、n、lの練習

dī 低 ディー（低い）	———	tī 踢 ティー（蹴る）
dài 带 ダイ（持っている）	———	tài 太 タイ（ひどく～だ）
duō 多 ドゥオ（多い）	———	tuō 托 トゥオ（託す）
dé 得 ドゥアー（得る）		tè 特 トゥアー（特に）
ne 呢 ナ（～は？）		lè 乐 ルアー（楽しい）

聞いてみましょう 🎵 CD_29

中国語の早口言葉です。bとp、dとtに気をつけて聞きましょう。pírはアル化（☞p.56）というもので、「ピアル」のように発音します。

吃葡萄不吐葡萄皮儿， Chī pú tao bù tǔ pú tao pír,
不吃葡萄倒吐葡萄皮儿。 bù chī pú tao dào tǔ pú tao pír.

【訳】
ブドウを食べてブドウの皮を吐かず、
ブドウを食べないのにブドウの皮を吐く。

子音グループ3 🎧 CD_30

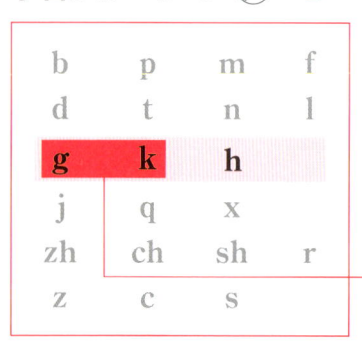

b	p	m	f
d	t	n	l
g	**k**	h	
j	q	x	
zh	ch	sh	r
z	c	s	

・のどの奥のほうで出す子音のグループです。
・母音eをつけて、ge、keのように練習します。

無気音（g）と有気音（k）のペア

h：見たとおりに発音してかまいませんが、母音に注意。he は「ヘー」ではありませんよ！

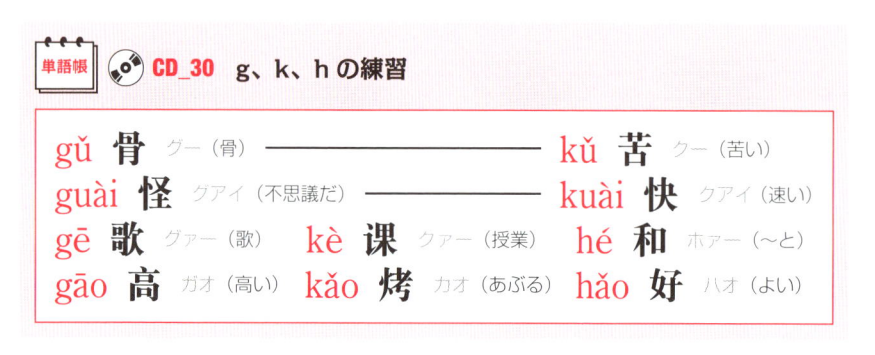

📓 CD_30　g、k、hの練習

gǔ 骨 グー（骨）	kǔ 苦 クー（苦い）
guài 怪 グアイ（不思議だ）	kuài 快 クアイ（速い）
gē 歌 グァー（歌）	kè 课 クァー（授業）
gāo 高 ガオ（高い）	kǎo 烤 カオ（あぶる）
	hé 和 ホァー（～と）
	hǎo 好 ハオ（よい）

子音グループ4 🎧 CD_31

b	p	m	f
d	t	n	l
g	k	h	
j	**q**	**x**	
zh	ch	sh	r
z	c	s	

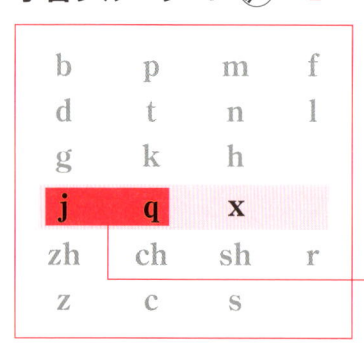

・見慣れないつづりもありますが、日本語の「ヂ、チ、シ」でほぼ問題ありません。
・母音iをつけて、ji、qiのように練習します。

無気音（j）と有気音（q）のペア

qi：なんと読んだらよいのか、戸惑ったかもしれませんね。日本語の「チ」とほぼ同じですが、有気音なので息の出る音が聞こえます。
xi：日本語の「シ」とほぼ同じです。

3日目／中国語の発音—子音

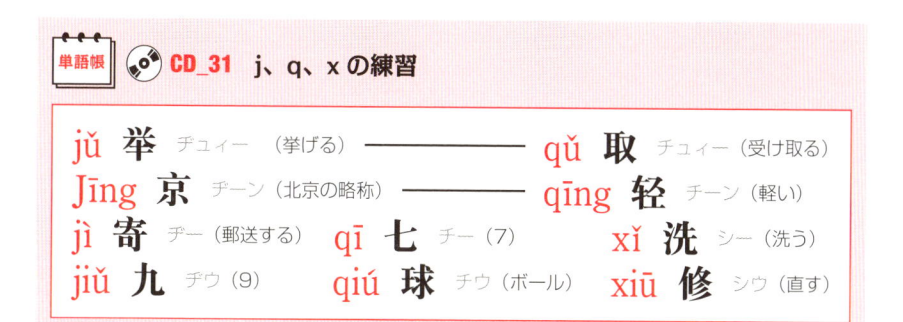

単語帳 CD_31　j、q、x の練習

jǔ 举 チュィー（挙げる）——— qǔ 取 チュィー（受け取る）
Jīng 京 ヂーン（北京の略称）——— qīng 轻 チーン（軽い）
jì 寄 ヂー（郵送する）　　qī 七 チー（7）　　xǐ 洗 シー（洗う）
jiǔ 九 ヂウ（9）　　qiú 球 チウ（ボール）　　xiū 修 シウ（直す）

聞いてみましょう CD_32

なぞなぞです。g と k 、j と q に気をつけて聞きましょう。

哥哥长，弟弟短，　Gēge cháng, dìdi duǎn,
天天赛跑大家看。　tiāntiān sàipǎo dà jiā kàn.
哥哥跑了十二圈，　Gēge pǎole shí'èr quān,
弟弟刚刚跑一圈。　dìdi gānggāng pǎo yì quān.

【訳】
兄さんは長い、弟は短い、
毎日かけっこ、見てごらん。
兄さんが12周走るうち、
弟はやっと1周り。

➡なぞなぞの答えは p.50。

豆知識

子音 ü と表記上の書き換え

　母音 ü に子音がつかない場合、表記は yu となります（☞ p.30）。また、母音 ü の前に j、q、x がつく場合も、やはり ü の上の ¨ を取って ju、qu、xu と表記します。j、q、x が母音 u と結びつくことはないので、j、q、x の後の u は実際は ü の発音であることを忘れないでください。

子音	母音 ü	表記書き換え後
	ü →	yu
j +	üe →	jue
q +	üan →	quan
x +	ün →	xun

j, q, x + u → ✗
音としては結びつかない。
かならず ü と結びつく。
ju、qu、xu となっているのは ü の書き換えられている場合のみ。

n, l + u、ü → ◯
例）n + u → nǔ（努）、n + ü → nǚ（女）

　一方 n と l は u とも ü とも結びつきます。ですから、n と l は ¨ を取るというような表記上の変則はなく、u と ü の区別をそのまま、nu、nü、lun、lüe のようにつづります。

子音グループ 5 CD_33

b	p	m	f
d	t	n	l
g	k	h	
j	q	x	
zh	**ch**	sh	r
z	c	s	

・舌を浮かせ、スプーンのような形にして発音する子音のグループです。

無気音（zh）と有気音（ch）のペア

※ sh、r は無気音、有気音ではありません。

2文字でつづる zh、ch、sh も、それぞれひとつの子音です。母音 i をつけて、zhi、chi、shi のように練習しますが、単母音の i とは違い、ややこもった音です。

sh： まず、sh から練習しましょう。舌をスプーンのようにくぼませて「シー」と発音します。舌先は口の中のどこにもつけません。

r： sh を発音した後、そのまま延ばしていくと r の発音になります。舌先を少し震わせるようにします。

zh： 舌をスプーンのようにくぼませ、舌先を口の中の天井につけてスタンバイします。勢いよく離しながら「ジー」と発音します。

ch： 発音の仕方は zh と同じですが、有気音なので息の出る音が聞こえます。

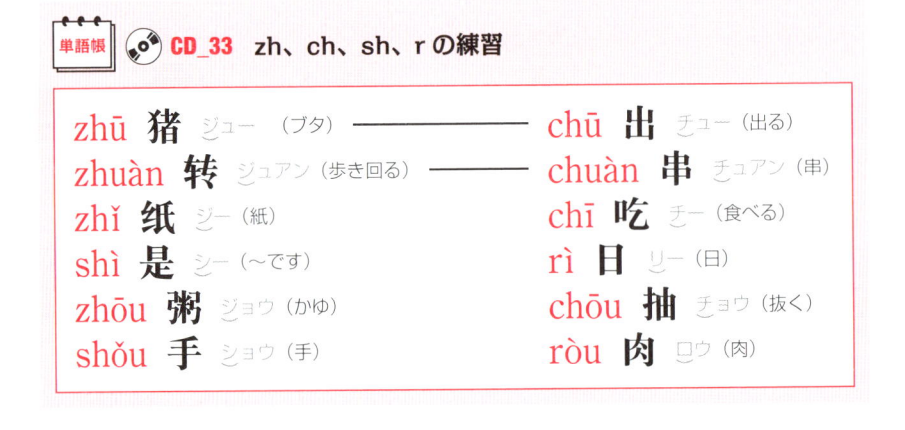

単語帳 CD_33 zh、ch、sh、r の練習

zhū 猪 ジュー（ブタ）	chū 出 チュー（出る）
zhuàn 转 ジュアン（歩き回る）	chuàn 串 チュアン（串）
zhǐ 纸 ジー（紙）	chī 吃 チー（食べる）
shì 是 シー（〜です）	rì 日 リー（日）
zhōu 粥 ジョウ（かゆ）	chōu 抽 チョウ（抜く）
shǒu 手 ショウ（手）	ròu 肉 ロウ（肉）

➡ p.49 なぞなぞの答え→時計

子音グループ 6   CD_34

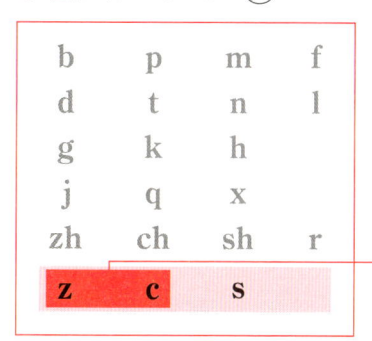

b	p	m	f
d	t	n	l
g	k	h	
j	q	x	
zh	ch	sh	r
z	c	s	

・発音に舌先と上の歯茎が関わる子音のグループです。

無気音（z）と有気音（c）のペア

母音iをつけてzi、ciのように練習しますが、この場合のiの発音も単母音のiとは違います。口を横に引いて発音する「ウ」です。

ci：これも戸惑うつづりですね。「ズ」と同じように上下の歯を合わせ、口を横に引いて「ツ」と発音します。有気音です。

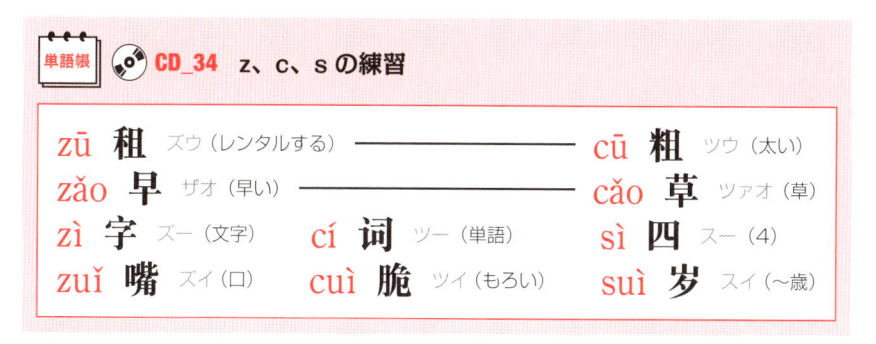

単語帳 CD_34 z、c、sの練習

zū 租 ズウ（レンタルする）		cū 粗 ツウ（太い）
zǎo 早 ザオ（早い）		cǎo 草 ツァオ（草）
zì 字 ズー（文字）	cí 词 ツー（単語）	sì 四 スー（4）
zuǐ 嘴 ズイ（口）	cuì 脆 ツイ（もろい）	suì 岁 スイ（〜歳）

CHECK!
zi、ci、siはカタカナで書くと「ズー、ツー、スー」と表記するしかありませんが、口をしっかりすぼめるzu、cu、suとはまったく違い、口を横に引いて発音する音なので注意しましょう。後ほど詳しく練習します（☞ p.68）。

CHECK!
子音グループ4〜6は、それぞれiが後ろにつきますが、これは適当なアルファベットがないためやむを得ずiを使っているだけで、実際に発音される音はグループごとに違います。

j、q、x：単母音のi
zh、ch、sh、r：ややこもった音
z、c、s：口を横に引いて出す「ウ」段の音。iだからといって、ziを「ジ」と読んではいけません！

3日目
注意が必要な発音

b	p	m	f
d	t	n	l
g	k		h
j	q		x
zh	ch	sh	r
z	c	s	

・ここからは、日本人にとって特に難しい発音を取り上げてみていきます。似ている音を対比しながら、その違いをよく聞き比べて正しく発音できるように練習しましょう。

🐟 fとh

発音自体は難しくありませんが、つづりによっては間違えやすい傾向があります。はっきり区別しましょう。

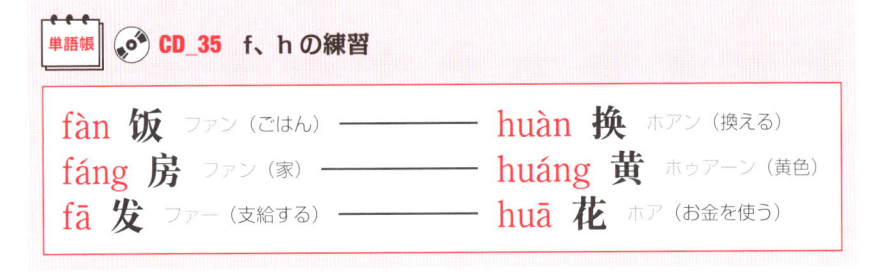

単語帳 💿 **CD_35** f、hの練習

fàn 饭 ファン（ごはん）	—	huàn 换 ホアン（換える）
fáng 房 ファン（家）	—	huáng 黄 ホゥアーン（黄色）
fā 发 ファー（支給する）	—	huā 花 ホア（お金を使う）

✏️ 李先生の発音コラム①

发钱 と 花钱

もし **花钱** huāqián を **发钱** fāqián と言い間違うと、中国人は大笑いするでしょう。子音が違うだけで **花钱**（お金を使う）、**发钱**（お金をあげる）とまったく違う意味になってしまいます。日本人にとって、子音のfとhをはっきり区別することはとても大切です。日本語にはfの発音がないため、初心者は特にfの音をよく練習する必要があります。でないと、**花** huā が **发** fā になってしまいます。

🐟 j と zh、q と ch、x と sh

　中国語は子音も母音も日本語より多いため、日本語に慣れた耳には同じ音に聞こえたり、違うとわかっても日本語では書き分けられなかったりします。ピンインのつづりに早く慣れることも必要です。

単語帳 🎧 **CD_35**　j-zh、q-ch、x-sh の練習

jī 鶏 ヂー（ニワトリ）	————	zhī 織 ジー（編む）	
qī 七 チー（7）	————	chī 吃 チー（食べる）	
xī 西 シー（西）	————	shī 詩 シー（詩）	
chī qī zhī jī 吃七只鶏　チー チー ジー ヂー（7羽のニワトリを食べる）			

✏️ 李先生の発音コラム②

日本人がよくやる間違い

　q の後にくる u は実際には ü ですが、q と ü は日本語にない発音なので、特によく練習しなければなりません。もし qu が正しく発音できず、**我去中国。** Wǒ qù Zhōngguó. と言うつもりで**我气中国。** Wǒ qì Zhōngguó. と言ってしまうと、中国人の機嫌を損ねてしまいます。**去** qù* は「行く」、**气** qì は「怒らせる」という意味だからです。

　先生 xiānsheng は現代中国語では男性に対する呼びかけに使われ、「〜さん」に当たります。**先** xiān はつづりに惑わされることはあっても、発音はまず問題ありません。ですが、子音 sh と母音 eng の組み合わせである**生** shēng は要注意で、日本人はよく shong と言ってしまいます。xiānshong ではなく xiānsheng と言わなければいけません。

*qu については（☞ p.49）。

🐟 s と sh

次に挙げるのは有名な早口言葉のひとつです。登場するのは**四** sì、**十** shí、**是** shì の3つの音だけですが、見るからに舌がこんがらかりそうですね。声調と s、sh の違いによく注意して練習しましょう。

💿 CD_36　早口言葉

> Sì shì sì, shí shì shí,
> 四是四，十是十，
> shísì shì shísì, sìshí shì sìshí.
> 十四是十四，四十是四十。
> 【訳】
> 4は4、10は10、14は14、40は40

✏️ 李先生の発音コラム③

中国人にも難しい発音

四 sì と **十** shí の区別は、外国人だけでなく、方言を話す中国人にとっても難しいものです。南方（上海近辺）方言では shi がよく si になるので、お客が **多少钱?** Duōshao qián?（いくら？）とたずねて、答えが Sì **块钱** kuài qián（4元）と聞こえたために4元を渡すと、**不对，是十块钱。**Búduì, shì shí kuài qián.（違います、10元です）といって指で数字を示す、というようなことが起こります。

私の中学時代の歴史の先生は湖北省出身でしたが、戦時中の軍隊の数を **四十四个师** sìsísì ge sī（44個師団）と発音する癖がありました。正しくは sìshísì ge shī なのですが、どうしても区別できないのです。そのせいで、口さがない生徒から sìsisì ge sī というあだ名を奉られていました。ですから、中国語を始めたばかりの人は **四** と **十** をよく練習しなければならないのです。

3日目／中国語の発音—子音

🐟 l と r

l は英語とほぼ同じで、舌を口の中の天井につけてから発音しますが、r が英語の r にならないようにしてください。

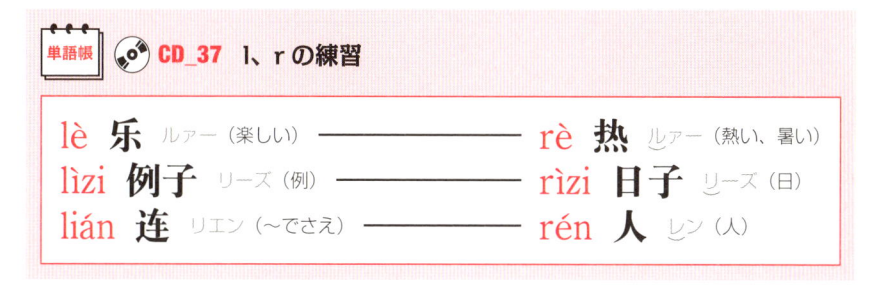

> 📓 単語帳　💿 **CD_37**　l、r の練習
>
> lè 乐 ルァー（楽しい） ——— rè 热 ルァー（熱い、暑い）
> lìzi 例子 リーズ（例） ——— rìzi 日子 リーズ（日）
> lián 连 リエン（〜でさえ） ——— rén 人 レン（人）

📱 李先生の発音コラム④

最大の難関、母音 e と子音 r

　中国語の母音 e と子音 r は、中国語を学ぶすべての外国人にとっての難関です。ほかの国の人なら例えば **星期日** xīngqīrì を **星期天** xīngqītiān と言い換えて逃げることもできますが、日本人はそうはいきません。日本人 Rìběnrén を避けては通れないからです。ですから、**日** rì と **人** rén の発音が大事になってきます。もし **日本人** を発音しやすい子音 l で"Lìběnlén"と発音したとしても、取り違えるような単語がほかにないので、中国人にはまだわかってもらえます。けれども **热** rè（暑い）を **乐** lè（楽しい）と言い間違えると誤解が生じます。

　ある日本人が夏に中国で仕事をしていました。ある日彼は中国人の同僚に何度も **我乐，我乐。** Wǒ lè, wǒ lè. と言いました。ほかの人はこれを聞いて、「彼は宝くじにでも当たったんだろう、こんなに『楽しい、楽しい』と繰り返すなんて」と思ったのでした。

🐟 アル化

特殊な母音 er は前に子音がつくことはありませんが、単語の語尾に r の音がつくことがあり、これをアル化（r 化）と言います。聞き比べてみましょう。

> 💿 **CD_38　アル化の音 1**
>
> shí'èr 十二　シーアル（12）　　　shìr 事儿　シャール（用事）
> アル化ではない音　　　　　　　　　　アル化の音

アル化することで、小さい、かわいらしいといったニュアンスが加わるものもあります。また、意味が変わるものもあります。

CHECK!
隔音記号：shí'èr の（'）は隔音記号と言います。後の漢字のピンインつづりが a、o、e で始まる場合、区切りをはっきりさせるためにこの記号を入れます。

・語尾が -a、-o、-e、-u の場合
　最後に舌をくるっと巻き上げるだけです。

> 💿 **CD_38　アル化の音 2**
>
> huār 花儿　ホアル（花）　　　huór 活儿　フオル（仕事）

・語尾が -i、-n、-ng の場合
　i や n、ng を発音せず、その前の母音のところで舌を巻き上げます。

> 💿 **CD_38　アル化の音 3**
>
> wèir 味儿　ワール（味、におい）　　　wánr 玩儿　ワール（遊ぶ）
> kòngr 空儿　コール（ひま）

・zi、ci、si や zhi、chi、shi、ri がアル化する場合
　i を発音せず、er をつけます。

> 💿 **CD_38　アル化の音 4**
>
> cír 词儿　ツォル（単語）　　　shìr 事儿　シャール（用事）

🏮 アル化で意味が変わるもの

アル化することで言葉の意味が変わってくるものもあります。

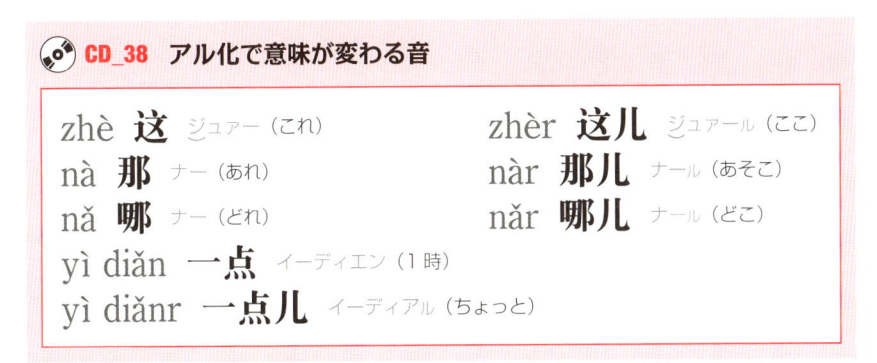

> **CD_38** アル化で意味が変わる音
>
> zhè 这 ジュアー（これ）　　　zhèr 这儿 ジュアール（ここ）
> nà 那 ナー（あれ）　　　　　nàr 那儿 ナール（あそこ）
> nǎ 哪 ナー（どれ）　　　　　nǎr 哪儿 ナール（どこ）
> yì diǎn 一点 イーディエン（1時）
> yì diǎnr 一点儿 イーディアル（ちょっと）

豆コラム

日記を読んでみよう

簡体字にも少し慣れてきたでしょうか。下に挙げたのは中国語で書かれた日記です。個々の単語の意味や、文法事項はひとまず置いておいて、大まかなイメージがつかめるか、見てみましょう。

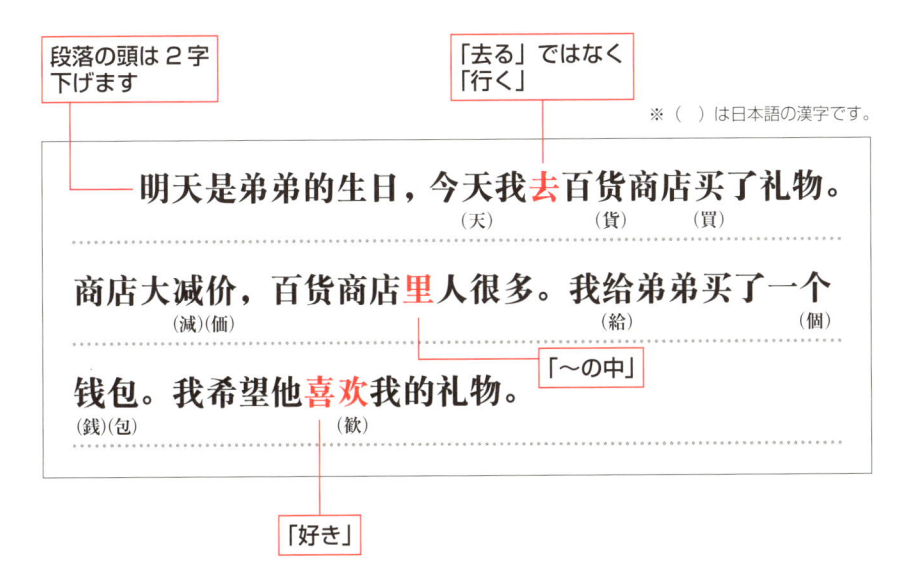

「段落の頭は2字下げます」

「「去る」ではなく「行く」」

※（ ）は日本語の漢字です。

　　明天是弟弟的生日，今天我去百货商店买了礼物。
　　　（天）　　　　　　（货）　　（买）

商店大减价，百货商店里人很多。我给弟弟买了一个
　　（减）（价）　　　　　　　　　　（给）　　　　　　（个）

「「〜の中」」

钱包。我希望他喜欢我的礼物。
（钱）（包）　　　（欢）

「「好き」」

【訳】
明日は弟の誕生日です。私は今日デパートにプレゼントを買いに行きました。店ではバーゲンをしていて、デパートの中は人がいっぱいでした。私は弟に財布を買いました。弟が私のプレゼントを気に入ってくれるといいな。

3日目 トレーニング

CD_39

紛らわしい音の聞き取り

1 発音されたほうに○をつけましょう。

1) **bao** **pao**　　2) **deng** **teng**

3) **guai** **kuai**　　4) **jun** **qun**

5) **zhang** **chang**

2 発音されたほうに○をつけましょう。

1) **zuo** **cuo**　　2) **hua** **fa**

3) **xi** **shi**　　4) **le** **re**

5) **si** **shi**

3 発音されたほうに○をつけましょう。

1) **luo** **le**　　2) **qu** **chu**

3) **ju** **jiu**　　4) **duo** **dou**

5) **shan** **xiang**

声調つき子音の聞き取り

4 発音されたものに○をつけましょう。

1) biǎo biāo piāo   2) ruò shuō shuò

3) qīng jīng qíng   4) gōng kōng kòng

5) xī sī shī

---

5 子音を聞き取って書きましょう。

1) ___ì ___iě   2) ___ǎo ___ù

　地铁（地下鉄）　　　　　跑步（ジョギング）

3) ___āo ___ǎo   4) ___í ___íng

　高考（大学入試）　　　　　实行（実行する）

5) ___ūn ___ié

　春节（春節）

---

6 発音を聞いて、声調記号をつけましょう。

1) zhong guo   2) hou tian

　中国（中国）　　　　　后天（明後日）

3) wang qiu   4) hui xin

　网球（テニス）　　　　　回信（返信する）

5) xiong mao

　熊猫（パンダ）

→解答は p.128

コラム❸

中国の子どもたちが聞いて音読する唐詩

　唐や宋の時代の詩は中国人にとって最良の教材です。詩にはリズムや韻律があり、豊かな情感にあふれています。ずっと昔から、中国の子どもたちは唐詩に親しみながら成長してきました。李白、杜甫、白居易という三大詩人の詩は、中国人なら誰でも知っています。唐詩は、中国語学習に欠かせないレッスンだといえるでしょう。発音の練習になるだけでなく、中国文化への理解や教養も深めることができます。

CD_40

静夜思　李白

床前明月光，　　Chuáng qián míng yuè guāng,
疑是地上霜。　　yí shì dì shàng shuāng.
举头望明月，　　Jǔ tóu wàng míng yuè,
低头思故乡。　　dī tóu sī gù xiāng.

【書き下し】

静夜思　李白

床前　明月の光
疑うらくは是れ地上の霜かと
頭を挙げて明月を望み
頭を低れて故郷を思う

绝句　杜甫

江碧鸟逾白，　　Jiāng bì niǎo yú bái,
山青花欲燃。　　shān qīng huā yù rán.
今春看又过，　　Jīn chūn kàn yòu guò,
何日是归年。　　hé rì shì guī nián.

【書き下し】

絶句　杜甫

江は碧にして鳥逾いよ白く
山は青くして花燃えんとす
今春　看すみすまた過ぐ
何れの日か是れ帰年ならん

(『唐詩選（下）』前野直彬注解、岩波文庫)

赋得古原草送别　白居易

离离原上草，　　Lí lí yuán shàng cǎo,
一岁一枯荣。　　yí suì yì kū róng,
野火烧不尽，　　Yě huǒ shāo bú jìn,
春风吹又生。　　chūn fēng chuī yòu shēng.

【書き下し】

古原草を賦し得て送別す　白居易

離離たる原上の草
一歳に一たび枯栄す
野火　焼けども尽きず
春風　吹きて又生ず

(『白楽天とその詩』近藤春雄著、武蔵野書院)

4日目

苦手な発音の克服

4日目 苦手な発音の克服

　つまずく人が多い発音と声調を集中練習します。最初に2文字の声調の組み合わせです。中国語の単語は2文字のものが圧倒的に多く、また3文字以上になると1文字か2文字に分けられるものがほとんどなので、ここをマスターすることが肝心です。

声調の組み合わせ

　声調は4つあるので、2文字では4×4＝16とおりの組み合わせがあります。しかし、3声＋3声は2声＋3声に変化するというルールがあるので、実際に発音されるのは15とおりです。記号は3声＋3声のままで書きますが、発音するときに2声＋3声に変えます。

CD_41　すべてmaで練習してみましょう。

	1声	2声	3声	4声
1声	1＋1 māmā	1＋2 māmá	1＋3 māmǎ	1＋4 māmà
2声	2＋1 támā	2＋2 támá	2＋3 támǎ	2＋4 támà
3声	3＋1 mǎmā	3＋2 mǎmá	3＋3→2＋3 mǎmǎ	3＋4 mǎmà
4声	4＋1 màmā	4＋2 màmá	4＋3 màmǎ	4＋4 màmà

4日目／苦手な音の克服

ドリル　CD_42

国名を当てはめて練習します。声調が崩れないように注意。

	1声	2声	3声	4声
1声	1+1 巴西 Bāxī バーシー	1+2 中国 Zhōngguó ジューングオ	1+3 冰岛 Bīngdǎo ビーンダオ	1+4 加纳 Jiānà ヂアナー
2声	2+1 挪威 Nuówēi ヌオウエイ	2+2 韩国 Hánguó ハングオ	2+3 朝鲜 Cháoxiǎn チャオシエン	2+4 捷克 Jiékè ヂエクァー
3声	3+1 古巴 Gǔbā グーバー	3+2 美国 Měiguó メイグオ	3+3→2+3 蒙古 Měnggǔ モーングー	3+4 缅甸 Miǎndiàn ミエンディエン
4声	4+1 不丹 Bùdān ブーダン	4+2 泰国 Tàiguó タイグオ	4+3 日本 Rìběn リーベン	4+4 瑞士 Ruìshì ルイシー

それぞれ、どこの国でしょうか。簡体字からわからないものは、発音をヒントに考えましょう。

➡解答は *p.75*

軽声とは？

日本語の音読みには「衣（い）」「図（ず）」のように、かな1字で表せる短いものがありますが、中国語は単母音でも **衣** yī（イー）、**図** tú（トゥー）のようにある程度長さが必要です。しかし、軽声といって、もともとあった声調がなくなり、短くなる変調があります。単語の頭にくることはなく、前の声調に軽く、短く添えます。決まった音の高さはなく、前の声調によって変わります。声調記号はつけません。

CD_44 軽声の練習

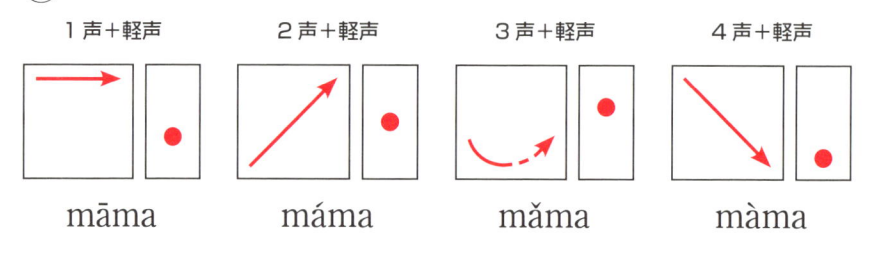

1声+軽声	2声+軽声	3声+軽声	4声+軽声
māma	máma	mǎma	màma

CD_43 親族の名称

1声+軽声：
- māma マーマ 妈妈（母）
- gēge グァーグァ 哥哥（兄）
- shūshu シューシュ 叔叔（父の弟）

2声+軽声：
- yéye イエイエ 爷爷（父方の祖父）
- bóbo ボーボ 伯伯（父の兄）

3声+軽声：
- jiějie チエチエ 姐姐（姉）
- nǎinai ナイナイ 奶奶（父方の祖母）
- lǎoye ラオイエ 姥爷（母方の祖父）
- lǎolao ラオラオ 姥姥（母方の祖母）

4声+軽声：
- bàba パーパ 爸爸（父）
- dìdi ティーディ 弟弟（弟）
- mèimei メイメイ 妹妹（妹）

意味に関わる軽声

もとの声調と軽声とで意味が変わる語もあります。

単語帳 CD_43

dōngxī ドゥーンシー **东西**（東西） - dōngxi ドゥーンシ **东西**（もの）
qīzǐ チーズー **妻子**（妻子） — qīzi チーズ **妻子**（妻）
yǎnjìng イエンヂーン **眼镜**（メガネ） - yǎnjing イエンヂン **眼睛**（目）

ドリル　CD_44

最初に発音された声調の組み合わせと同じものには○、違うものには×をつけましょう。

1) māmā
   衬衫（　） 飞机（　） 咖啡（　） 面包（　）
   シャツ　　　飛行機　　　コーヒー　　　パン

2) mǎmá
   食堂（　） 旅游（　） 足球（　） 网球（　）
   食堂　　　旅行　　　サッカー　　　テニス

3) mámà
   面条（　） 饭店（　） 邮票（　） 车票（　）
   麺類　　　ホテル　　　切手　　　乗車券

4) mǎma
   饺子（　） 喜欢（　） 马路（　） 熊猫（　）
   ギョーザ　　好き　　　道路　　　パンダ

5) māma
   裤子（　） 裙子（　） 椅子（　） 桌子（　）
   ズボン　　　スカート　　　椅子　　　机

→解答は *p.75*

🔴 惑わされやすいつづり

ピンインの大多数は、ローマ字表記のとおりに発音すれば問題ありません。けれども、見たとおりに読むと間違いになってしまうものがいくつかあります。

・ian(yan) − iang(yang)

iang(yang) は見たとおりに読みますが、ian(yan) は「イエン」でしたね。発音自体はまったく難しくありませんが、つづりに惑わされないように気をつけましょう。

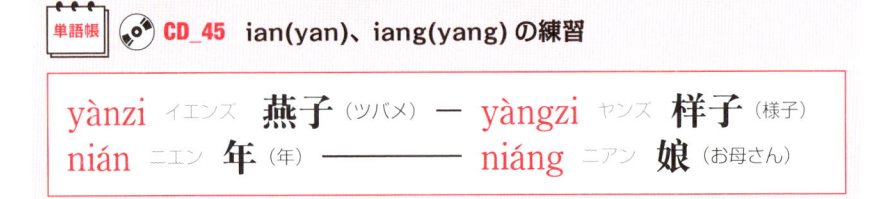

> 単語帳 🎧 CD_45 ian(yan)、iang(yang) の練習
>
> yànzi イエンズ 燕子 (ツバメ) — yàngzi ヤンズ 样子 (様子)
> nián ニエン 年 (年) ——— niáng ニアン 娘 (お母さん)

・en − eng

en は「エン」と読んでも問題ありませんが、eng は「エン」ではダメです。こちらの e は単母音の e に近く、全体では「アン」と「オン」の中間くらいの音です。

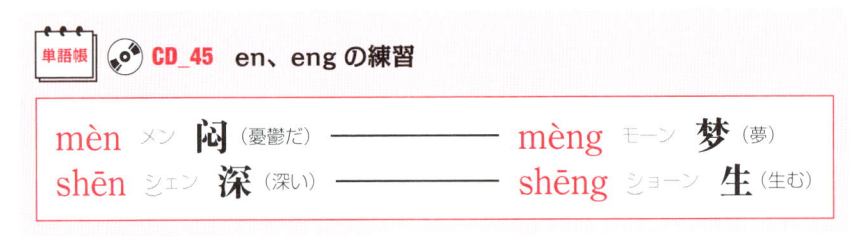

> 単語帳 🎧 CD_45 en、eng の練習
>
> mèn メン 闷 (憂鬱だ) ——— mèng モーン 梦 (夢)
> shēn シェン 深 (深い) ——— shēng ショーン 生 (生む)

🔴 子音がつくと書き換えるつづり

複母音の iou、uei、uen は、子音がつかない場合 you、wei、wen と書き換えましたが、子音がつくとまた別の書き換えがあります。

・iou → iu ： 子音がつくと o が消えます。発音も、o が弱くなりますが、3声や4声では少し o が聞こえます。

・uei → ui ： 子音がつくと e が消えます。発音も、e が弱くなりますが、3声や4声では少し e が聞こえます。

- uen → un： 子音がつくとeが消えます。発音も、eが弱くなりますが、単純に「ウン」というよりはやや「ウェン」のように。

単語帳 🎧 **CD_46** 聞いてみましょう。

子音＋iou
diū ディウ 丟（なくす）──────── jiǔ ヂウ 九（9）

子音＋uei
duì ドゥイ 対（正しい）──────── guì グイ 貴（値段が高い）

子音＋uen
dùn ドゥン 頓（〜回）──────── cún ツン 存（預ける）

見た目は同じ、でも……

上記の書き換えがあるので、見た目は同じつづりでも違う発音をしなければならないものがあります。

- **-un**： 前の子音がj、q、xの場合、これはもともとünです。
  前の子音がそれ以外の場合、これはもともとuenです。
- **-uan**： 前の子音がj、q、xの場合、これはもともとüanです。
  前の子音がそれ以外の場合、これはもともとuanです。

単語帳 🎧 **CD_47** 聞いてみましょう。

同じつづりでもün、uenの2種類の音があることに注意して聞いてください。

つづりがunになるもの
qúnzi チュィンズ 裙子（スカート） kùn クン 困（眠い）

つづりがuanになるもの
xuǎnjǔ シュアンヂュィー 选举（選挙） duànliàn ドゥアンリエン 锻炼（トレーニング）

🌊 zi と zu

　どちらも日本語では「ズ」と表記するしかないためか、苦手な人が多いようです。zi と zu を例に説明しますが、ci と cu、si と su についても同様です。

- **zi**：唇を横に引く発音です。
- **zu**：唇をしっかりすぼめる発音です。

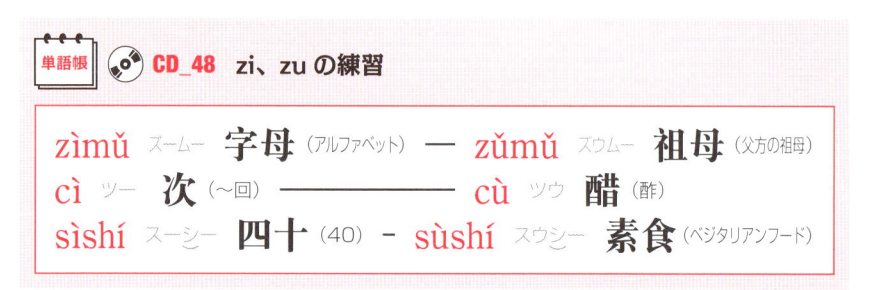

単語帳　CD_48　zi、zu の練習

zìmǔ　ズームー　字母（アルファベット）　—　zǔmǔ　ズウムー　祖母（父方の祖母）
cì　ツー　次（〜回）　————————　cù　ツウ　醋（酢）
sìshí　スーシー　四十（40）　-　sùshí　スウシー　素食（ベジタリアンフード）

ドリル　CD_48

３つのうちどれかふたつを発音します。発音された順に（ ）に 1、2 を書き入れましょう。

1) zi （ 　 ）　　　zu （ 　 ）　　　ze （ 　 ）
2) ci （ 　 ）　　　cu （ 　 ）　　　ce （ 　 ）
3) si （ 　 ）　　　su （ 　 ）　　　se （ 　 ）

➡解答は p.75

🍙 c と q

つづりに惑わされることの多い子音です。

- **c**：can を「キャン」、cong を「コン」などと読まないように気をつけましょう。z の有気音ですから、「ツ」の系統の音です。
- **q**：qu を「クー」、qun を「クン」などと読まないように気をつけましょう。j の有気音ですから、「チ」の系統の音です。

🚗 李先生の発音コラム⑤

人の名前を間違えないように

　c と q はどちらも日本人にとって難しい子音です。q + ing の場合、日本人はよく q を j と発音してしまいます。青 qīng でなければならないところが、中国人の耳には 京 jīng と聞こえるのです。q + u の 4 声である 去 qù も、器 qì となってしまう人がたくさんいます。

　c + un の 1 声 村 cūn は、葱 cōng と発音されがちです。私の教えている 村尾 Cūnwěi さんは、中国人に自己紹介をするときいつも 葱味 cōngwèi と言います。3 声でなければならない wei も、4 声で発音してしまうのです。彼はまた、当時の日本の首相を 葱山 Cōngshān と言っていました。でも中国人にとっては、村山 Cūnshān と 葱山 はまったく違う音なのです。思わぬところで笑われないように、下の音を聞いてよく練習しましょう。

単語帳 🎧 **CD_49** c と q の練習

cūncūnzhàizhài	ツンツンジャイジャイ	**村村寨寨** (各村、各集落)
qúndài guānxi	チュィンダイ　グアンシ	**裙带关系** (姻戚関係)

変調

これまでに、ふたつの変調を取り上げました。3声+3声が2声+3声に変化するもの（☞ p.62）と、もともとあった声調がなくなる軽声（☞ p.64）です。あとふたつ、覚えておきたい変調があります。

不の変調

まず、次のなぞなぞを読んでみましょう。

CD_50

一个大肚皮，	Yí ge dà dùpí,	【訳】
生来怪脾气。	shēnglái guài píqi.	大きなお腹の
不打不做声，	Bù dǎ bú zuò shēng,	変わったお人。
越打越欢喜。	yuè dǎ yuè huānxǐ.	叩かれないとだんまりで、
		叩かれるほど大喜び。

➡なぞなぞの答えは p.75。

不（〜しない）にふたとおりの読み方があるのに気づきましたか？　不は本来4声のbùですが、後に4声の語が置かれると2声のbúに変化するのです。

CD_51　不の変調

不＋1声	bù chī	プー　チー	不吃 （食べない）
不＋2声	bù lái	プー　ライ	不来 （来ない）
不＋3声	bù mǎi	プー　マイ	不买 （買わない）
不＋4声	bú qù	プー　チュィー	不去 （行かない）

一の変調

　同じような変調が数字の一にも起こります。一は本来1声の yī ですが、後が1、2、3声だと4声 yì に、後が4声だと2声 yí に変調します。これもなぞなぞを見てみましょう。

CD_52

小小一本书，	Xiǎo xiǎo yì běn shū,	【訳】
一天看一面。	yì tiān kàn yí miàn.	小さな小さな本1冊、
看完这本书，	Kàn wán zhè běn shū,	1日に読むのは1ページ。
大家过新年。	dà jiā guò xīn nián.	この本1冊読んだなら、みんなで迎えるお正月。

➡なぞなぞの答えは p.75。

　数字の後についているのは、ものの数を数えるときに使う言葉です。日本語にも「〜本」「〜冊」など似たものがありますね。

CD_53　一の変調

一＋1声	yì tiān	イー ティエン	一天 (1日)
一＋2声	yì tiáo	イー ティアオ	一条 (1本)
一＋3声	yì běn	イー ベン	一本 (1冊)
一＋4声	yí miàn	イー ミエン	一面 (1枚)
	yí ge	イー ガ	一个 (1人／1個)

　条は細長いものを数える言葉です。个は人にもモノにも使います。軽声ですが、もともとは4声でした。个が軽声に変化しても、一の変調は残っていて、2声 yí で発音するのです。
　ただし、「第1番目」という順序を表す場合や、一の後に何も続かない場合はもとの1声 yī で発音します。

例）　dì yī kè　第一课 (第1課)

4日目 トレーニング

CD_54

音節が組み合わさると発音も聞き取りもグンと難しくなります。ここでは声調の組み合わさった音を使ってトレーニングをしてみましょう。

声調の組み合わせの聞き取り

1 声調の組み合わせが同じなら○、違ったら×をつけましょう。

1) 春天　夏天（　）　　2) 秋天　冬天（　）
   (春)　(夏)　　　　　　(秋)　(冬)

3) 毛衣　贸易（　）　　4) 火车　汽车（　）
   (セーター)(貿易)　　　(電車)　(自動車)

5) 窗户　杯子（　）
   (窓)　(コップ)

2 不と一に声調記号をつけましょう。※CD音声はありません。テキストのみを見て答えてください。

1) bucuò　不错　　　　2) buxíng　不行
   (よい)　　　　　　　 (だめだ)

3) yiqǐ　一起　　　　　4) yikuàir　一块儿
   (一緒に)　　　　　　　(一緒に)

5) dì yi　第一
   (第一)

3 声調記号をつけましょう。

1) mifan　米饭　　　　2) huacha　花茶
   (ご飯)　　　　　　　 (ジャスミン茶)

3) kaishui　开水　　　4) kuaizi　筷子
   (お白湯)　　　　　　 (箸)

5) diancai　点菜
   (料理を注文する)

紛らわしい音の聞き取り

日本語にはない発音や日本人に苦手な音を中心に学習してきました。ここでは、発音が似ているものをしっかりと聞き分けられるようにトレーニングしましょう。

---

4 3つのうち、ふたつを発音します。
発音された順に（ ）に番号を書き入れましょう。

1) cān　　kān　　kūn
　（ ）　（ ）　（ ）

2) qū　　kū　　cū
　（ ）　（ ）　（ ）

3) sì　　sù　　sè
　（ ）　（ ）　（ ）

4) cáng　céng　cóng
　（ ）　（ ）　（ ）

5) jì　　zì　　zhì
　（ ）　（ ）　（ ）

---

5 子音を聞き取って書き入れましょう。

1) ＿òu＿òu　瘦肉
（赤身の肉）

2) ＿uān＿ài　川菜
（四川料理）

3) ＿í＿ì　瓷器
（磁器）

4) ＿uài＿ān　快餐
（ファーストフード）

5) ＿ū＿ié　区別
（区別）

---

6 母音を聞き取って書き入れましょう。声調にも注意！

1) x＿＿y＿＿　香烟
（タバコ）

2) zh＿＿b＿＿　准备
（準備する）

3) y＿＿d＿＿　运动
（運動する）

4) zh＿＿zh＿＿　真正
（本当の）

5) l＿＿d＿＿　六点
（6時）

声調の組み合わせの聞き取り（地名）

7 中国の地名を聞き取って、あてはまる声調の組み合わせの欄に番号を書き入れましょう。

	1	2	3	4
1	1 + 1	1 + 2	1 + 3	1 + 4
2	2 + 1	2 + 2	2 + 3	2 + 4
3	3 + 1	3 + 2	3 + 3 → 2 + 3	3 + 4
4	4 + 1	4 + 2	4 + 3	4 + 4

1) 北京　2) 上海　3) 西安　4) 广州
5) 成都　6) 重庆　7) 杭州　8) 桂林

➡解答は p.129

🫦 解答

*p.*63　ドリル

- 巴西（ブラジル）
- 中国（中国）
- 冰岛（アイスランド）
- 加纳（ガーナ）
- 挪威（ノルウェー）
- 韩国（韓国）
- 朝鲜（北朝鮮）
- 捷克（チェコ）
- 古巴（キューバ）
- 美国（アメリカ）
- 蒙古（モンゴル）
- 缅甸（ミャンマー）
- 不丹（ブータン）
- 泰国（タイ）
- 日本（日本）
- 瑞士（スイス）

*p.*65　ドリル

māmā	衬衫（×）	飞机（○）	咖啡（○）	面包（×）
mǎmá	食堂（×）	旅游（○）	足球（×）	网球（○）
mámà	面条（×）	饭店（×）	邮票（○）	车票（×）
mǎma	饺子（○）	喜欢（○）	马路（×）	熊猫（×）
māma	裤子（×）	裙子（×）	椅子（×）	桌子（○）

*p.*68　ドリル

1) zu、zi　　2) ci、cu　　3) su、se

*p.*70　なぞなぞ
太鼓

*p.*71　なぞなぞ
日めくりカレンダー

コラム④

料理で覚える中国語

　中国料理はおいしいけれど、料理名は覚えるのが大変です。レストランごとにメニューがあり、外国人はいうに及ばず、中国人にとってさえその料理が何でできているのか、どんな味なのかはわかりにくいものなのです。

　中国人がレストランで食事をするとき、単にお腹を満たすというのでなく、より大切なのは食文化を楽しむことだと考えます。料理に名前をつけるのは、こうした文化が形になったものと言えるでしょう。メニューを開いて料理を注文するとき、料理の名前から豊かな想像がふくらみます。中国人は料理にロマンティックな名前をつけたがります。故事を引いたり、比喩を使ったり、誇張したり、象徴したりといった方法で、中国料理の名前に美しい響きと豊かなイメージを持たせるのです。中国料理の名前は、縁起のいい言葉、寓話、色と形、数字、動物、果物、そして故事来歴などに分けられます。

　全部の例はとても挙げられないので、ここには動物の名前が覚えられる料理名を挙げてみました。名前だけ見ると少しびっくりするかもしれませんが、レストランでこれらの料理を見ても悩むことはありません。もしかしたら、本当にその味が気に入るかもしれませんね。

動物の名前を使った中華料理

蚂蚁上树　mǎyǐ shàng shù

「アリが木に上る」という意味の家庭料理。ひき肉をアリに、春雨を木の枝に見立てている。

狮子头　shīzi tóu

「ライオンの頭」の意味。ひき肉とクログワイを使った大きな肉団子で、安徽、江蘇地方の料理。

老虎菜　lǎohǔ cài

老虎 はトラの意味。トウガラシとパクチーを使ったとても辛い東北料理。

狗不理　gǒu bù lǐ

「（見ばえが悪く）イヌでさえ見向きもしない」という名前のついたパオズ。天津料理。

5日目

中国語の言葉の並び方

5日目
中国語の言葉のしくみ

　漢字が並んだ中国語の文章を見ていると、なんとなく意味が伝わってくるのではないでしょうか？　漢字の意味からだいたいの内容は想像できますが、ここでは言葉の並び方に注目して中国語のしくみを学びましょう。

🐟 中国語の文法的特徴

　中国語の言葉の並び方を、簡単な例で見てみましょう。

私は　　　新聞を　　　読む。

我　看　报。　Wǒ kàn bào.
　　　　　　　ウオ　カン　バオ

　これでわかるように、中国語では「〜は」「〜する」「〜を」という順序になります。語順の点では日本語より英語に近いですね。では英語と何もかも同じかというと、そうではありません。

【中国語と英語の例1】

（1）私はあなたを手伝う。

I　　help　　you.
我　帮助　你。　Wǒ bāngzhù nǐ.
　　　　　　　　ウオ　バーンジュー　ニー

（2）あなたは私を手伝う。

You　help　me.
你　帮助　我。　Nǐ bāngzhù wǒ.
　　　　　　　　ニー　バーンジュー　ウオ

　英語なら「私」という語が「〜は」の位置に置かれるか「〜を」の位置に置かれるかによって違う形にしなければなりません（ここではIとme）。つまり、テニヲハを使う代わりに単語の形を変えるわけです。けれども、中国語はどの位置にあっても形が変わることはありません。さらに、

【中国語と英語の例2】

(1) 彼は私を手伝う。

He helps me.
他 帮助 我。 Tā bāngzhù wǒ.
ター バーンジュー ウオ

⬇ 中国語は言葉を並べ替えるだけ。

(2) 私は彼を手伝う。

I help him.
我 帮助 他。 Wǒ bāngzhù tā.
ウオ バーンジュー ター

　上記 (1) のように主語が 他 に変わっても動詞は変化しません。つまり、テニヲハにあたるものもないし、「～は」「～を」などの位置によって形が変わることもなく、動詞が変化することもなく、我 你 他 帮助 などのカードを並べ替えるだけで文ができるようなもの。言い換えれば、語順が変わればそれだけで違う意味になってしまうので、中国語では語順がとても大切なのです。

豆コラム

中国語を書くときの注意点について

　これまでのところで気づいたかもしれませんが、中国語では日本語と同じく文の終わりにマル (。) を使います。日本語でテン (、) になるところに使われるのはコンマ (,) です。ではテン (、) は使わないのかというと、そうではありません。いくつかのものを列挙するときに限って使います。例えば 铃木、佐藤、田中 和 中村（鈴木さん、佐藤さん、田中さん、そして中村さん）のようになります。and に当たる 和 が最終項目の前に入る点は、これまた英語との共通点ですね。段落の頭は、日本語では1字分下げますが、中国語では2字分下げます（☞ p.57 日記）。

　ピンインは英語と同じくコンマ (,) とピリオド (.) を使い、文の初めと固有名詞の頭文字を大文字にします。
　ところで、中学校や高校の漢文の時間に読んだ漢詩は縦書きではありませんでしたか？　現在の中国では横書きが正式の書き方です。ですから、新聞や小説などもすべて横書きです。

基本の文 I 　〜は……する

5日目

基本文　CD_55

我 吃。
私は食べる。
Wǒ chī.
ウオ チー

我 吃 饭。
私はご飯を食べる。
Wǒ chī fàn.
ウオ チー ファン

中国語では、「主語＋動詞＋目的語」の語順が基本です。前にも述べたように、英語と違って、主語が何人称でも動詞が変化することはありません。

単語帳　CD_56

主語 ＋ 動詞 ＋ 目的語

我 吃 饭。

主語
我 wǒ　ウオ（私）
你 nǐ　ニー（あなた）
他 tā　ター（彼）
她 tā　ター（彼女）

動詞
吃 chī　チー（食べる）
喝 hē　ホァー（飲む）
买 mǎi　マイ（買う）
看 kàn　カン（見る）

目的語
书 shū　シュー（本）
茶 chá　チャー（茶）
酒 jiǔ　ヂウ（酒）
饭 fàn　ファン（ごはん）

複数形
我们 wǒmen　ウオメン（私たち）
你们 nǐmen　ニーメン（あなたたち）
他们 tāmen　ターメン（彼ら）
她们 tāmen　ターメン（彼女ら）

CHECK! 中国語の「彼」と「彼女」は同じ発音です。
我买 wǒ mǎi（私は買う）のように3声が連続する場合は、2声＋3声にすることを忘れないように注意してください。3声が3つ連続する場合は、意味の切れ目によって2声＋2声＋3声または3声＋2声＋3声になります。

基本ドリル CD_57

前ページの主語と動詞と目的語を組み合わせて文を作りましょう。いくつか例を挙げるので、CD の後について繰り返してください。

① **你吃。** Nǐ chī.（あなたは食べる）
② **他看。** Tā kàn.（彼は見る）
③ **她喝茶。** Tā hē chá.（彼女はお茶を飲む）
④ **我买酒。** Wǒ mǎi jiǔ.（私はお酒を買う）

文末に 吗 ma（〜か？）をつけると Yes / No で答える疑問文になります。英語と違って、疑問文にするときに語順は変えません。Yes なら基本の文そのままで、No なら動詞の前に 不 bù（〜ない）をつけて答えます。

展開 CD_58

（1）
你吃吗? Nǐ chī ma?
あなたは食べますか？
ニー チー マ

我吃。/ 我不吃。 Wǒ chī. / Wǒ bù chī.
食べます。/食べません。
ウオ チー／ウオ ブー チー

（2）
他喝吗? Tā hē ma?
彼は飲みますか？
ター ホァー マ

他喝。/ 他不喝。 Tā hē. / Tā bù hē.
飲みます。/飲みません。
ター ホァー／ター ブー ホァー

応用ドリル

疑問文と否定文にしてみましょう。

① **他看。** Tā kàn.（彼は見る）
② **她买。** Tā mǎi.（彼女は買う）
③ **她们吃饭。** Tāmen chī fàn.（彼女らはご飯を食べる）
④ **他们喝酒。** Tāmen hē jiǔ.（彼らはお酒を飲む）

➡解答は p.91

5日目

基本の文 II 〜は……である

基本文 🎧 CD_59

我 是 大学生。 Wǒ shì dàxuéshēng.
ウォ シー ダーシュエショーン
私は大学生です。

这 是 我的。 Zhè shì wǒ de.
ジュアー シー ウォ ダ
これは私のです。

基本の文 I の動詞が **是** になった形です。**是** は「〜である」という意味で、英語の be 動詞と似た働きをしますが、主語に何がきても、やはり変化することはありません。

単語帳 🎧 CD_60

主語 + ( ) + 動詞 + 目的語

这 ( ) 是 我的。

主語
这 zhè ジュアー
(これ、この) 近くのものを指します。

那 nà ナー
(あれ、あの) 遠くのものを指します。

目的語
留学生 liúxuéshēng リウシュエショーン (留学生)
公司职员 gōngsī zhíyuán コーンスー ジーユアン (会社員)
你的 nǐ de ニー ダ (あなたの)
他的 tā de ター ダ (彼の)

補充　( ) に入るもの
都 dōu ドウ (どちらも、どれも)
也 yě イエ (〜も)

例) 我**也**是大学生。(私も大学生です)
　　我们**都**是大学生。(私たちはみんな大学生です)

疑問詞　目的語の位置に入ります。
什么 shénme シェンマ (何)
谁的 shéi de シェイ ダ (誰の)

基本ドリル　CD_61

これまでに出てきた語句を組み合わせて文を作りましょう。いくつか例を挙げるので、CDの後について繰り返してください。

① **她是留学生。** Tā shì liúxuéshēng.（彼女は留学生だ）
② **我们都是公司职员。** Wǒmen dōu shì gōngsī zhíyuán.（私たちはみんな会社員だ）
③ **这是他的。** Zhè shì tā de.（これは彼のだ）
④ **那也是他的。** Nà yě shì tā de.（あれも彼のだ）

基本の文Ⅰと同じように疑問文を作ることができます。また、**什么** shénme、**谁的** shéi de を使うと、疑問詞疑問文を作ることができす。英語と違って語順を変える必要はなく、答えてほしいものの位置に疑問詞を置き換えるだけです。このとき **吗** をつけてはいけません。**的** de は「〜の」にほぼ相当します。後に名詞をつけて **你的书** nǐ de shū（あなたの本）のようにもできます。

展開　CD_62

(1) 吗 疑問文への展開

你是大学生吗?
あなたは大学生ですか。
Nǐ shì dàxuéshēng ma?
ニー　シー　ダーシュエショーン　マ

这是你的吗?
これはあなたのですか。
Zhè shì nǐ de ma?
ジュアー　シー　ニー　ダ　マ

(2) 疑問詞疑問文への展開

这是什么?
これは何ですか。
Zhè shì shénme?
ジュアー　シー　シェンマ

这是谁的?
これは誰のですか。
Zhè shì shéi de?
ジュアー　シー　シェイ　ダ

応用ドリル

次の文が答えになるような疑問文を作ってみましょう。

① **这是她的。** Zhè shì tā de.（これは彼女のだ）
② **那不是你的。** Nà bú shì nǐ de.（あれはあなたのではない）
③ **这是书。** Zhè shì shū.（これは本だ）
④ **那也是书。** Nà yě shì shū.（あれも本だ）

➡解答は p.91

5日目 基本の文Ⅲ　〜には……がある

基本文　CD_63

我 有 哥哥。 Wǒ yǒu gēge.　ウォ ヨウ グァーグァ
私には兄がいます。

这儿 有 钱包。 Zhèr yǒu qiánbāo.　ジュアール ヨウ チエンバオ
ここに財布があります。

有 は「いる、ある、持っている」という意味です。目的語が人なら「いる」、モノなら「ある」となります。日本語では人とモノをかなりはっきり区別しますが、中国語では「1人、2人」の「〜人」と、「1個、2個」の「個」に同じ 个 ge を使うなど、日本語ほどには人とモノを区別しません。

単語帳　CD_64

主語 ＋ 動詞 ＋ 目的語

这儿 有 钱包。
〜がある

主語
这儿 zhèr ジュアール
（ここ）近い場所を指します。

那儿 nàr ナール
（あそこ）遠い場所を指します。

目的語
笔 bǐ ビー（筆記用具）
手机 shǒujī ショウヂー（携帯電話）
词典 cídiǎn ツーディエン（辞書）
兄弟姐妹 xiōngdì jiěmèi シオンディー ヂエメイ（きょうだい）

補充
和 hé ホァー（〜と）
例）我和哥哥　（私と兄）
　　手机和钱包　（携帯電話と財布）

5日目／中国語の言葉の並び方

基本ドリル CD_65

これまでに出てきた語句を組み合わせて文を作りましょう。いくつか例を挙げるので、CDの後について繰り返してください。

① **我有笔。** Wǒ yǒu bǐ.（私は筆記用具を持っている）
② **他有手机。** Tā yǒu shǒujī.（彼は携帯電話を持っている）
③ **她有词典。** Tā yǒu cídiǎn.（彼女は辞書を持っている）
④ **我有姐姐和妹妹。** Wǒ yǒu jiějie hé mèimei.（私には姉と妹がいる）

有の文を否定する場合、**不** bù ではなく**没** méi で否定します。また、**有没有**や**是不是**のように「肯定＋否定」を並べると反復疑問文といって、**吗** ma 疑問文と同じ意味の疑問文になります。反復疑問文にしたら**吗**をつけてはいけません。これまでの文も反復疑問文にできます。

展開 CD_66

（1）吗疑問文と否定文への展開

你有笔吗？
書くものがありますか。
Nǐ yǒu bǐ ma?
ニー ヨウ ビー マ

我没有笔。
書くものはありません。
Wǒ méiyou bǐ.
ウオ メイヨウ ビー

（2）反復疑問文への展開

你有没有笔？
書くものがありますか。
Nǐ yǒu méiyou bǐ?
ニー ヨウ メイヨウ ビー

这是不是手机？
これは携帯電話ですか。
Zhè shì bú shì shǒujī?
ジュアー シー ブー シー ショウヂー

応用ドリル

吗疑問文と反復疑問文に書き換えてみましょう。

① **你有弟弟。** Nǐ yǒu dìdi.（あなたには弟がいる）
② **她有兄弟姐妹。** Tā yǒu xiōngdì jiěmèi.（彼女にはきょうだいがいる）
③ **那儿有词典。** Nàr yǒu cídiǎn.（あそこに辞書がある）
④ **那是他的手机。** Nà shì tā de shǒujī.（あれは彼の携帯電話だ）

➡解答は p.91

5日目

基本の文 Ⅳ　〜は……にある

基本文　CD_67

我	**在**	这儿。	Wǒ zài zhèr.	ウオ ザイ ジュアール

私はここにいます。

钱包	**在**	这儿。	Qiánbāo zài zhèr.	チエンバオ ザイ ジュアール

財布はここにあります。

钱包	**在**	哪儿？	Qiánbāo zài nǎr?	チエンバオ ザイ ナール

財布はどこにありますか。

在 も「いる、ある」という意味で、やはり人にもモノにも使えますが、[モノ＋ 在 ＋場所] の場合、有 yǒu とは語順が逆になります。

这儿**有**钱包。
　　　×
钱包**在**这儿。

単語帳　CD_68

主語		
钱包	在	这儿。
	ある	ここに

- 厕所　cèsuǒ　ツォースオ（トイレ）
- 车站　chēzhàn　チュアジャン（駅）
- 银行　yínháng　インハーン（銀行）
- 售票处　shòupiàochù　ショウピアオチュー（切符売り場）
- 日常用品　rìcháng yòngpǐn　リーチャーン ヨンピン（日用品）
- 电器　diànqì　ティエンチー（電化製品）
- 点心　diǎnxin　ディエンシン（お菓子）
- 茶叶　cháyè　チャーイエ（茶葉）

5日目／中国語の言葉の並び方

基本ドリル　CD_69

これまでに出てきた語句を組み合わせて文を作りましょう。いくつか例を挙げるので、CDの後について繰り返してください。

① **他在那儿。** Tā zài nàr.（彼はあそこにいます）
② **她在这儿。** Tā zài zhèr.（彼女はここにいます）
③ **厕所在那儿。** Cèsuǒ zài nàr.（トイレはあそこにあります）
④ **电器在这儿。** Diànqì zài zhèr.（電化製品はこちらです）

　在 の文を疑問文や否定文にしてみます。文末に **吗** ma をつければ **吗** 疑問文、たずねたいものの代わりに疑問詞を置き換えれば疑問詞疑問文になるのはこれまでと同じです。否定の場合は **不** bù で否定します。

展開　CD_70

（1）吗 疑問文と否定文への展開

铃木在这儿吗?
鈴木さんはこちらにいますか。
Língmù zài zhèr ma?
リーンムー　ザイ　ジュアール　マ

铃木不在这儿。
鈴木さんはこちらにいません。
Língmù bú zài zhèr.
リーンムー　ブー　ザイ　ジュアール

（2）疑問詞疑問文への展開

厕所在哪儿?
トイレはどこですか。
Cèsuǒ zài nǎr?
ツァースオ　ザイ　ナール

在那儿。
あちらです。
Zài nàr.
ザイ　ナール

応用ドリル

指示に従って書き換えてみましょう。

① **我在这儿。**（疑問詞疑問文に）
② **他在那儿。**（吗 疑問文に）
③ **日常用品在那儿。**（疑問詞疑問文に）
④ **售票处在那儿。**（疑問詞疑問文に）

➡解答は p.91

基本の文 V 形容詞の文

5日目

基本文 CD_71

我 **很** 高兴。
Wǒ hěn gāoxìng.
ウオ ヘン ガオシーン
私は（とても）嬉しい。

这儿 **很** 热。
Zhèr hěn rè.
ジュアール ヘン ルアー
ここは（とても）暑い。

是 shì は英語の be 動詞に似ていますが、中国語の形容詞の文には 是 を入れる必要はありません。ただし、形容詞だけで 我高兴 としたのでは落ち着かないので、特に強調するつもりがなくても、形容詞の前に 很（とても）を入れます。強調するなら 很 を強く発音すればよいのです。

単語帳 CD_72

主語 + 副詞 + 形容詞

我 很 高兴。

主語
这个 zhège ジュアーガ（これ）
那个 nàge ナーガ（あれ）
哪个 nǎge ナーガ（どれ）

副詞
非常 fēicháng フェイチャーン（非常に）
特别 tèbié トゥアービエ（特に）
有点儿 yǒudiǎnr ヨウティアル（少し）

形容詞
冷 lěng ローン（寒い）
好看 hǎokàn ハオカン（きれいだ）
便宜 piányi ピエンイ（安い）
贵 guì グイ（高価だ）

補充
好吃 hǎochī ハオチー（食べ物がおいしい）
油腻 yóunì ヨウニー（油っこい）

CHECK! 有点儿 はふつうよいことには使いません。

基本ドリル　CD_73

これまでに出てきた語句を組み合わせて文を作りましょう。いくつか例を挙げるので、CDの後について繰り返してください。

① **这个很便宜。** Zhège hěn piányi.（これは安い）
② **那个很好看。** Nàge hěn hǎokàn.（あれはきれいだ）
③ **这个特别好吃。** Zhège tèbié hǎochī.（これは特別おいしい）
④ **那个有点儿贵。** Nàge yǒudiǎnr guì.（あれはちょっと高い）

　形容詞の文もこれまでと同じように疑問文や否定文にできます。反復疑問文は形容詞の肯定と否定を並べます。疑問や否定の場合は **很** をつけなくてかまいません。

展開　CD_74

（1）吗 疑問文と否定文の展開

这个好吃吗？ Zhège hǎochī ma?
これはおいしいですか。　ジュァーガ　ハオチー　マ

这个不好吃。 Zhège bù hǎochī.
これはおいしくありません。　ジュァーガ　ブー　ハオチー

（2）反復疑問文への展開

那儿冷不冷？ Nàr lěng bù lěng?
あそこは寒いですか。　ナール　ローン　ブー　ローン

那儿有点儿冷。 Nàr yǒudiǎnr lěng.
あそこは少し寒いです。　ナール　ヨウディアル　ローン

応用ドリル

指示に従って書き換えてみましょう。

① **这儿很冷。**（「少し寒い」に）
② **这个很油腻。**（「少し油っこい」に）
③ **那个便宜吗？**（反復疑問文に）
④ **那儿不热。**（肯定文に）

➡解答は p.91

トレーニング

5日目

文の展開

1 質問に対する答えを、中国語で書いてみましょう。

1) **你喝茶吗?**
   （肯定　　　　　　　　　否定　　　　　　　　　）

2) **他是留学生吗?**
   （肯定　　　　　　　　　否定　　　　　　　　　）

3) **她有姐姐吗?**
   （肯定　　　　　　　　　否定　　　　　　　　　）

4) **铃木在这儿吗?**
   （肯定　　　　　　　　　否定　　　　　　　　　）

5) **这个好吃吗?**
   （肯定　　　　　　　　　否定　　　　　　　　　）

2 指示に従って書き換えましょう。

1) **那是她的。**
   （反復疑問文に　　　　　　　　　　　　　　　　）

2) **这儿有点心。**
   （否定文に　　　　　　　　　　　　　　　　　　）

3) **车站在这儿。**
   （疑問詞疑問文に　　　　　　　　　　　　　　　）

4) **这个不贵。**
   （肯定文に　　　　　　　　　　　　　　　　　　）

5) **你买茶叶吗?**
   （反復疑問文に　　　　　　　　　　　　　　　　）

➡解答は p.129

解答例

p.81 応用ドリル

（疑問文）　　　　　　　　（否定文）
1)　他看吗?　　　　　　　他不看。
2)　她买吗?　　　　　　　她不买。
3)　她们吃饭吗?　　　　　她们不吃饭。
4)　他们喝酒吗?　　　　　他们不喝酒。

p.83 応用ドリル
1)　这是谁的? / 这是她的吗?　　2)　那是我的吗?
3)　这是什么? / 这是书吗?　　　4)　那也是书吗?

p.85 応用ドリル

（吗 疑問文）　　　　　　　（反複疑問文）
1)　你有弟弟吗?　　　　　　你有没有弟弟?
2)　她有兄弟姐妹吗?　　　　她有没有兄弟姐妹?
3)　那儿有词典吗?　　　　　那儿有没有词典?
4)　那是他的手机吗?　　　　那是不是他的手机?

p.87 応用ドリル
1)　你在哪儿?　　　　　　2)　他在那儿吗?
3)　日常用品在哪儿?　　　4)　售票处在哪儿?

p.89 応用ドリル
1)　这儿有点儿冷。　　　　2)　这个有点儿油腻。
3)　那个便宜不便宜?　　　4)　那儿很热。

コラム ❺

歌って覚える中国語

　外国語を学ぶときに、歌で練習するのもよい方法です。音楽には国境はありませんし、歌詞は発音の練習になります。単語を丸暗記したり、味気ない文法を詰め込んだりするのに疲れたら、気分転換に中国語の歌を聞いてみましょう。中国語への興味が湧いてくるかもしれません。光良の《童话》は若い人に人気のある歌です。《敖包相会》は中国人なら誰でもよく知っているモンゴル族の民謡です。孫楠の《风往北吹》は80年代生まれの人に懐かしまれる歌です。90年代生まれの人の間で人気の《越长大越孤单》は、現在進行形で流行っている曲です。時間があれば、こうした歌を聞いてみてください。気に入る曲があるかもしれません。ネットで中国の歌手を検索してみたら、**周杰伦**（ジェイ・チョウ）、**刘若英**（レネ・リウ）、**李宇春**（クリス・リー）、**张韶涵**（アンジェラ・チャン）、**王力宏**（ワン・リーホン）などのファンになるかもしれません。

〈参考 URL〉

①光良《童话》

Guāngliáng «Tónghuà»

http://www.youtube.com/watch?v=ABenWi0DlIU&feature=related

光良（マイケル・ウォン）、本名は王光良。マレーシア生まれの中国人で、後に台湾で人気歌手となりました。代表作はほかに《第一次》《约定》など。

②牛奶@咖啡《越长大越孤单》

Niúnǎi @ Kāfēi «Yuè zhǎngdà @ yuè gūdān»

http://www.youtube.com/watch?v=V_8kWtEOT-M&feature=related

牛奶@咖啡は中国の2人組ユニット。ボーカルのKIKIとインストゥルメンタルの格非はどちらも北京出身です。大人になってゆく思いを歌った《越长大越孤单》は、ひとりっ子が心の奥に抱くやるせなさを表し、90年代生まれの世代に人気があります。

③孙南・韩虹《美丽的神话》

Sūn Nán·Hán Hóng «Měilì de shénhuà»

http://www.youtube.com/watch?v=MQuCC_uvkNs&feature=related

ジャッキー・チェンと韓国の女優キム・ヒソンが共演した映画『THE MYTH/神話』の主題曲です。「あなたと私の心にいつまでも愛の花を咲かせよう　時空を超えてもしおれない花を」という歌詞は、愛が人の心の中でただひとつ変わることのない神話であると私たちに教えてくれます。

6日目

基本のあいさつと基本表現

6日目

基本のあいさつ　出会い

你好 nǐhǎo や、より丁寧な 您好 nínhǎo は基本中の基本です。初対面の人にも、知り合いにも、また朝・昼・晩いつでも使えます。「こんばんは」にあたる言葉として、晚上好 wǎnshang hǎo がありますが、実際にはあまり使いません。

基本フレーズ　CD_75

你早。	Nǐzǎo. ニーザオ おはよう（ございます）。	「おはようございます」にあたる 早上好、zǎoshang hǎo、早晨好 zǎochen hǎo の最も簡単な言い方です。家庭ではあまり使いません。
出去呀！	Chūqu ya! チューチュィ　ヤ お出かけですか？／行ってらっしゃい！	ご近所や同僚との間では、そのときの具体的な動作をあいさつとして使います。
下班啦！	Xiàbān la! シアバン　ラ お帰りですか？／お帰りなさい！	ご近所や同僚と、退勤の時間帯に会ったとき。
阿姨好！	Āyí hǎo! アーイー　ハオ おばさん、こんにちは！	若い人が両親くらいの年代の人に会ったときは、ただ你好 nǐhǎo と言うのではなく、阿姨 āyí（おばさん）、叔叔 shūshu（おじさん）などをつけて呼びかけます（☞ p.64）。
大家好！	Dàjiā hǎo! ダーヂア　ハオ みなさん、こんにちは！	大勢の人の前で話をするときや、先生が生徒に対して、あるいは上司が部下に対して。

ミニ会話　CD_75　簡単な会話を体験してみましょう。

A **你好吗?**
Nǐ hǎo ma?
ニー ハオ マ
お元気ですか？

> 吗 ma は文末に置いて疑問を表す助詞です。日本語の「〜か？」にあたります。

B **挺好的, 你呢?**
Tǐng hǎo de, nǐ ne?
ティーン ハオ ダ ニー ナ
元気ですよ、あなたは？

> 教科書ではよく**很好**が使われますが、やや硬い言い方です。実際の会話ではふつう**挺好的**と言います。

B **马马虎虎。**
Mǎmahūhū.
マーマフーフー
まあまあです。

> 四字成語。生活がまあまあだという意味を表します。

B **不错, 挺好的。**
Bú cuò, tǐng hǎo de.
ブー ツオ ティーン ハオ ダ
ええ、元気ですよ。

> **不错**は**好**と同じでよいという意味です。会話ではできるだけ2音節にしようとします。

コミュニケーション術

你好吗?（お元気ですか？）はよく知っている人との間でしか使いませんが、実は中国人にはとても堅苦しく聞こえます。実際にはもっと気軽に**还好吗?** Hái hǎo ma?（元気？）、**最近怎么样?** Zuìjìn zěnmeyàng?（最近どう？）などとあいさつします。このように聞かれたとき、中国人はメンツを重んじるので、**不太好。** Bútài hǎo.（あまり元気ではありません）などのネガティブな答えはほとんどしません。元気でなくても、ふつうは**还行。** Hái xíng.　**凑合。** Còuhe.　**马马虎虎。**（いずれも「まあまあです」という意味）と答えます。もちろん、ほとんどの人は**不错, 挺好的。**（ええ、元気ですよ）と答えます。

基本のあいさつ　別れ

中国語の **再见** という字を見ると、**希望再次见面** xīwàng zàicì jiànmiàn（また会いたいですね）の意味だとわかります。**再见** のほかに、若い人は **拜拜** bàibài（バイバイ）もよく使います。

基本フレーズ　CD_76

再见！	Zàijiàn! ザイヂエン さようなら	南方（上海）のあたりではよく **再会！** Zàihuì! とも言います。
明天见！	Míngtiān jiàn! ミンティエン ヂエン また明日！	［時間＋见］は会うときを具体的に示します。例えば、**五点见！** Wǔ diǎn jiàn!（5時にまた）、**下星期见！** Xià xīngqī jiàn!（また来週）など。
回头见！	Huítóu jiàn! ホイトウ ヂエン また後で！	**回见！** Huí jiàn! とも言います。**回头** は短い動作を表し、すぐに会える場合に使います。日本語の「じゃあ、後でね」にあたります。
一会儿见！	Yíhuìr jiàn! イーホアル ヂエン また後で！	**一会儿** は「しばらく」の意味です。日本語の「また後で」にあたります。
后会有期！	Hòu huì yǒu qī! ホウ ホイ ヨウ チー またいつかお目にかかれるでしょう。	ていねいな表現。しばらく会えない人を見送るときに使います。

🗨 ミニ会話

仕事が終わった後、日本人はよく「お疲れさま」「ご苦労さま」と言います。中国語に訳すと 辛苦了！ Xīnkǔ le! 让你受累了！ Ràng nǐ shòulèi le! となりますが、中国人同士ではこのような習慣はなく、肉体労働者、引越し業者、宅配業者などの仕事が終わったときにかけるねぎらいの言葉としてしか使われません。日本語の習慣で中国人にこう言ったら、彼らは不自然だと感じるでしょう。

中国人は仕事を終えて他の人より先に帰るときも、我先走了，明天见。Wǒ xiān zǒu le, míngtiān jiàn.（お先に失礼します、また明日）と言うだけです。同僚と別れるときも 再见！、明天见！で十分です。

CD_76 簡単な会話を体験してみましょう。

A **明天见！**
Míngtiān jiàn!
ミンティエン　ヂエン
また明日。

B **明天见！**
Míngtiān jiàn!
ミンティエン　ヂエン
また明日。

A **我走了！**
Wǒ zǒu le!
ウオ　ゾウ　ラ
では失礼します。

B **慢走！**
Màn zǒu!
マン　ゾウ
お気をつけて！

A **今天真是太辛苦了！**
Jīntiān zhēnshi tài xīnkǔ le!
チンティエン　ジェンシ　タイ　シンクー　ラ
今日は本当に大変でしたね。

B **没什么，应该的。**
Méi shénme, yīnggāi de.
メイ　シェンマ　イーンガイ　ダ
いいえ、当然のことです。

📝 コミュニケーション術

中国人は人と会ったとき、您好！とあいさつするほかに、会った人に合わせて呼びかけを付け加えます。たとえば会社で上司に会ったときは 张科长，您早！ Zhāng kēzhǎng, nínzǎo!（張課長、おはようございます）、学校で先生に会ったら 李老师，您好！ Lǐ lǎoshī, nínhǎo!（李先生、こんにちは）と言わなければなりません。近所の劉さんに会ったら 刘奶奶，您买菜去呀。 Liú nǎinai, nín mǎi cài qù ya.（劉さん、お買い物ですか）と言います。学生の間で名前を呼び合うほか、仕事場では肩書きで呼びかけたり、年齢によって 小张 Xiǎo Zhāng（張くん）とか 老张 Lǎo Zhāng（張さん）と呼びます。近ごろ職場では後輩が先輩を 老师（先生）と呼ぶことも増えています。

基本の表現

6日目

今の若い人は **不好意思。**Bù hǎo yìsi.（すみません）をよく使います。**不好意思。**のもともとの意味は「恥ずかしい」で、人に迷惑をかけたときや、何かお願いするときによく使います。悪いことをしたときにはやはり **对不起。**（申し訳ありません）と言って、間違いを認める誠実さを示さなければなりません。

🎙️ 基本フレーズ 💿 CD_77

谢谢！	Xièxie! / シエシエ / ありがとう（ございます）。	ふつうのときは **谢谢！**ですが、強い感謝を表すときは **多谢！** Duōxiè! と言います。
对不起！	Duìbuqǐ! / ドゥイブチー / ごめんなさい。	おわびを表すのに使いますが、若い人はよく **不好意思！**と言います。**对不起。**と言われたら **没关系。**（かまいませんよ）と答えます。
真好吃！	Zhēn hǎochī! / ジェン ハオチー / おいしい！	**真〜！**は感嘆文に使います。**好吃**の対義語は **难吃** nánchī（まずい）です。
太漂亮了！	Tài piàoliang le! / タイ ピアオリャン ラ / きれい！	**太〜了！**は感嘆文に使います。**漂亮**の対義語は **难看** nánkàn（みにくい）です。
你真棒！	Nǐ zhēn bàng! / ニー ジェン バーン / あなたってすごい！	**棒**は形容詞で、「すばらしい」という意味です。人をほめるときによく使います。

ミニ会話　CD_77　簡単な会話を体験してみましょう。

A **谢谢！**
Xièxie!
シエシエ
ありがとう。

B **不客气！**
Bú kèqi!
ブー クァーチ
どういたしまして。

A **对不起！**
Duìbuqǐ!
ドゥイブチー
ごめんなさい。

B **没关系！**
Méi guānxi!
メイ グアンシ
かまいませんよ。

A **你真棒！**
Nǐ zhēn bàng!
ニー ジェン バーン
あなたってすごい！

B **哪里哪里！**
Nǎli nǎli!
ナーリ ナーリ
いやいや。

A **好久不见了！**
Hǎojiǔ bú jiàn le!
ハオヂウ ブー ヂエン ラ
お久しぶりです。

B **是啊！你好吗？**
Shì a! Nǐ hǎo ma?
シー ア ニー ハオ マ
そうですね。お元気ですか。

コミュニケーション術

　中国では、家族や友だちの間では 谢谢！ をあまり言いません。これも文化の表れです。親しい間柄では遠慮する必要はなく、気を遣うのは他人行儀になります。ですから、親族や友だちにはあまり 谢谢 と言わないのです。

　一方、知らない人にはあまり 对不起 と言いません。というのは、对不起 と言うことは自分の 面子 miànzi（メンツ）を傷つけ、誤りを認める、責任を負うことを意味するからです。ですから、对不起 が口から出ないことで起こる激しい言い争いが、公共の場でちょくちょく見られます。

基本単語と表現

6日目

🔴 数字

単語帳 💿 CD_78

一	二	三	四	五	六	七	八	九	十
yī	èr	sān	sì	wǔ	liù	qī	bā	jiǔ	shí
イー	アル	サン	スー	ウー	リウ	チー	バー	ヂウ	シー

　数字は英語と違って **一** ～ **十** までの組み合わせで99まで言うことができます。

🔴 曜日

単語帳 💿 CD_78

星期一 xīngqīyī シーンチーイー 月曜日	星期二 xīngqī'èr シーンチーアル 火曜日	星期三 xīngqīsān シーンチーサン 水曜日	星期四 xīngqīsì シーンチースー 木曜日
星期五 xīngqīwǔ シーンチーウー 金曜日	星期六 xīngqīliù シーンチーリウ 土曜日	星期天 / 星期日 xīngqītiān / xīngqīrì シーンチーティエン / シーンチーリー 日曜日	

※日曜日の言い方はふたとおりあります。

　星期（曜日）は **礼拜** lǐbài、**周** zhōu とも言います。**星期一**、**礼拜一**、**周一** はまったく同じ意味です。けれども、「1週間」は **一个星期**、**一个礼拜** と言えますが、**周** の場合だけ、**一个周** とは言えず、**一周** と言わなければなりません。

🔴 便利フレーズ 💿 CD_78

今天星期几?
Jīntiān　xīngqī　jǐ?
ヂンティエン　シーンチー　ヂー
今日は何曜日ですか？

➡ **今天星期三。**
Jīntiān　xīngqīsān.
ヂンティエン　シーンチーサン
今日は水曜日です。

日付

単語帳 CD_79

昨天	今天	明天	去年	今年	明年
zuótiān	jīntiān	míngtiān	qùnián	jīnnián	míngnián
ズオティエン	ヂンティエン	ミーンティエン	チュィーニエン	ヂンニエン	ミーンニエン
昨日	今日	明日	去年	今年	来年

　中国語では 昨日 zuórì は書き言葉で、会話では 昨天 と言います。書き言葉でも会話でも、中国語には昨年という言い方はなく、去年 としか言いません。来年 láinián は、中国語では書き言葉で、会話では 明年 です。

　1月1日 と 1月1号 はどちらも同じ日付ですが、日 を使うと書き言葉、号 だと会話です。日記を書くなら 2010年5月30日 と書きますが、人に話すときは 2010年5月30号 と言います。なお、1月 や 1日・1号 は1番目の月、1番目の日（英語でも「ついたち」は first ですね）を表すので、yī は変調せず、1声のままです。

CD_79　読んでみましょう。

七月十六号
qī　yuè　shí liù　hào
チー　ユエ　シーリウ　ハオ
7月16日

十月二号
shí　yuè　èr　hào
シー　ユエ　アル　ハオ
10月2日

CHECK! 2の読み方について

「2009年」「2010年」にはふたとおりの読み方があります。

二零零九年　èr líng líng jiǔ nián
两千零九年　liǎngqiān líng jiǔ nián
二零一零年　èr líng yī líng nián
两千一零年　liǎngqiān yī líng nián

便利フレーズ　CD_79

今天几月几号？
Jīntiān　jǐ yuè jǐ hào?
ヂンティエン　ヂー　ユエ　ヂー　ハオ
今日は何日ですか？

→ **今天十一月二十二号。**
Jīntiān　shíyī yuè èrshi'èr hào.
ヂンティエン　シーイー　ユエ　アルシアル　ハオ
今日は11月22日です。

ものの数え方

中国語にはモノを数える言葉と動作の回数を数える言葉があります。日本語では「会社には10人います」と言えますが、中国語では数字と名詞の間に人やモノの数を数える言葉 **个** ge（個）を入れて、**公司有十个人。** Gōngsī yǒu shí ge rén. と言わなければなりません。日本語で「学校へ行ってきます」と言うところを、中国語では **去一趟学校。** Qù yí tàng xuéxiào.（学校へ1度行く）と言います。**趟** tàng は動作の回数を数える言葉です。

単語帳　CD_80

一个苹果
yí ge píngguǒ
イー ガ ピーングオ
りんご1個
个 は人・モノどちらを数えるのにも使えます。

两张报纸
liǎng zhāng bàozhǐ
リアン ジャーン バオジー
新聞紙2枚
モノを数えるときは **二** èr でなく **两** liǎng です。

三位老师
sān wèi lǎoshī
サン ウエイ ラオシー
先生3人
人を数えるのに **位** wèi を使うと尊敬を表します。

四条鱼
sì tiáo yú
スー ティアオ ユィー
魚4匹
条 tiáo は道、ネクタイなど長いものを数える言葉です。

五本书
wǔ běn shū
ウー ベン シュー
本5冊

六杯咖啡
liù bēi kāfēi
リウ ベイ カーフェイ
コーヒー6杯

一百块钱
yìbǎi kuài qián
イーバイ クアイ チエン
100元
块 kuài はお金の単位で、数の大小に関わらず省略できません。

一千幅画
yìqiān fú huà
イーチエン フー ホア
絵画1000枚
幅 fú を hú と発音しないように気をつけましょう。

去一趟北京
qù yí tàng Běijīng
チュィー イー ターン ベイヂーン
北京に1度行く
趟 tàng は往復する回数を数える言葉です。

见了一次面
jiànle yí cì miàn
ヂエンラ イー ツー ミエン
1度会った
次 cì は回数を数える言葉です。

お金の種類

人民元（RMB）には **钞票** chāopiào（紙幣）と **硬币** yìngbì（貨幣）があります。紙幣の額面は5種類あって、100元、50元、20元、10元、1元です。貨幣は1元、5角、1角、5分があります。

このほかに知っておくとよいのは、数字の書き方です。中国の銀行で送金する、あるいは小切手を使う場合、誤記や改竄がないように数字を漢字で書くからです。

数字の 大写

0	1	2	3	4	5	6	7	8	9	10
零	壹	贰	叁	肆	伍	陆	柒	捌	玖	拾
líng	yī	èr	sān	sì	wǔ	liù	qī	bā	jiǔ	shí

CHECK! 日常の会話では **元** yuán を **块** kuài、**角** jiǎo を **毛** máo と言います。

お金の数え方

位がとんで0が間に入る場合、**零** を入れます。空いた位がふたつ以上あっても **零** は1度言うだけです。

CD_81

198.38元　一百九十八块三毛八（分）
　　　　　yìbǎi jiǔshibā kuài sān máo bā (fēn)
　　　　　イーバイ　ヂウシバー　クアイ　サン　マオ　バー（フェン）
　　　　　　　　　　　　　　　※最後の **分** fēn はふつう省略されます。

101.11元　一百零一块一毛一
　　　　　yìbǎi líng yī kuài yī máo yī
　　　　　イーバイ　リーン　イー　クアイ　イー　マオ　イー

1001.01元　一千零一块零一分
　　　　　yìqiān líng yī kuài líng yì fēn
　　　　　イーチエン　リーン　イー　クアイ　リーン　イー　フェン

CHECK! 2の読み方について
数字の2は注意が必要です。詳しい説明は省きますが、十の位と百の位以外は、先頭にくるものは **两**、以後にくるものは **二** と覚えておきましょう。

例）2.00元　两块　liǎng kuài　　　2.02元　两块零二分　liǎng kuài líng èr fēn
　　　　　　　　リアン　クアイ　　　　　　　　　　　　リアン　クアイ　リーン　アル　フェン

基本表現（たずねるとき）

6日目

什么？　何？

CD_82

A **这是什么?**
Zhè shì shénme?
ジュアー　シー　シェンマ
これは何ですか？

B **这是我的书。**
Zhè shì wǒ de shū.
ジュアー　シー　ウオ　ダ　シュー
これは私の本です。

A **什么是 3D 电影?**
Shénme shì 3D diànyǐng?
シェンマ　シー　サン　ディー　ディエンイーン
3D 映画って何ですか？

B **我不知道。**
Wǒ bù zhīdào.
ウオ　ブー　ジーダオ
分かりません。

> 这是○○の○○にあたるところに「何？」を表す疑問詞 **什么** を置き換えれば、「これは何ですか」という疑問詞疑問文が作れるのでしたね（☞ p.83）。2番目の例は少し違う形で、直訳すると「何が 3D 映画ですか」、すなわち「3D 映画とは何ですか」という意味になります。

什么时候？　いつ？

A **你什么时候来的北京?**
Nǐ shénme shíhou lái de Běijīng?
ニー　シェンマ　シーホウ　ライ　ダ　ベイヂーン
いつ北京に来ましたか？

B **昨天来的。**
Zuótiān lái de.
ズオティエン　ライ　ダ
昨日、来ました。

A **什么时候回东京?**
Shénme shíhou huí Dōngjīng?
シェンマ　シーホウ　ホイ　ドゥーンチーン
いつ東京へ帰るのですか？

B **后天回东京。**
Hòutiān huí Dōngjīng.
ホウティエン　ホイ　ドゥーンチーン
明後日、帰ります。

> **什么时候**は**什么**（何の、どういう）と**时候**（とき）が組み合わさったもので、「いつ？」を表します。1番目の例は、少し難しいのですが**是…的**という構文の**是**が省略された形を使っています。**是…的**はすでに終わったことを述べる構文で、略さず言うと**你是什么时候来的北京?**、**我是昨天来的北京。**となります。

6日目／基本のあいさつと基本表現

🍣 哪儿？　　どこ？

A **你家在哪儿?**
Nǐ jiā zài nǎr?
ニー ヂア ザイ ナール
あなたのお宅はどこですか？

B **我家在东京。**
Wǒ jiā zài Dōngjīng.
ウオ ヂア ザイ ドゥーンヂーン
私の家は東京にあります。

A **你去哪儿?**
Nǐ qù nǎr?
ニー チュィー ナール
どこに行きますか？

B **我去图书馆。**
Wǒ qù túshūguǎn.
ウオ チュィー トゥーシューグアン
図書館に行きます。

> 日本語の「こ・そ・あ・ど」の「ど」にあたるのが**哪**です。日本語が「どれ、どの、どこ」などに展開するように、**哪**も後に別の要素がついていろいろな意味に展開しますが、疑問を表すという点はすべてに共通です。後がアル化する**哪儿**は、「どこ？」を表します。

🍣 谁？　　だれ？

A **他是谁?**
Tā shì shéi?
ター シー シェイ
あの人は誰ですか？

B **他是我的同事。**
Tā shì wǒ de tóngshì.
ター シー ウオ ダ トンシー
あれは私の同僚です。

A **今天谁来?**
Jīntiān shéi lái?
ヂンティエン シェイ ライ
今日は誰が来ますか？

B **我妹妹来呀!**
Wǒ mèimei lái ya!
ウオ メイメイ ライ ヤ
私の妹が来ますよ。

A **谁的手机?**
Shéi de shǒujī?
シェイ ダ ショウヂー
誰の携帯ですか。

B **老师的手机。**
Lǎoshī de shǒujī.
ラオシー ダ ショウヂー
先生の携帯です。

> **谁**は「誰？」を表します。3番目の例は、「携帯電話」と言わなくてもわかる状況ならもっと簡単に**谁的?**（誰の？）と言うこともできます。1番目の例は第三者なので**谁**ですが、面と向かっては失礼です。**您贵姓?** Nín guìxìng?(お名前は？)と名前を聞くなどしましょう。

トレーニング

6日目

🐟 数え歌 1

　数えるための言葉の概念は難しくありませんが、中国語では数え言葉があまりに多いので大変です。中国人にとってもそれは同じです。ですから子どもが幼稚園や小学校に上がると、数え方が大事な学習事項になります。とくに童謡は覚えやすいので、試してみてください。

一头牛，两匹马。
Yì tóu niú, liǎng pǐ mǎ.
イー トウ ニウ リアン ピー マー
牛が1頭に馬2頭。

三条鲤鱼，四枝花。
Sān tiáo lǐyú, sì zhī huā.
サン ティアオ リーユィー スー ジー ホア
鯉が3匹に花4枝。

五本书，六张画。
Wǔ běn shū, liù zhāng huà.
ウー ベン シュー リウ ジャーン ホア
本が5冊に絵が6枚。

七棵果树，八朵花。
Qī kē guǒshù, bā duǒ huā.
チー クァー グオシュー パー ドゥオ ホア
果樹7本に、花8輪。

九架飞机，十辆车。
Jiǔ jià fēijī, shí liàng chē.
ヂウ ヂア フェイヂー シー リアン チュアー
飛行機9機に車10台。

量词千万别用差。
Liàngcí qiānwàn bié yòngchà.
リアンツー チエンワン ビエ ヨンチャー
数え方を間違えたらさあ大変。

6日目／基本のあいさつと基本表現

数え歌2

中国でよく知られている **拍手歌** pāishǒugē は、お母さんが子どもと一緒に歌う遊び歌です。中国人の子どもでも **四** sì を shì、**六** liù を ròu、**十** shí を sí と言ってしまうことが多いのです。

拍手歌　　　　　　　　　　　　　　　　CD_84

你拍一，我拍一，一个小孩坐飞机。
Nǐ pāi yī, wǒ pāi yī, yí ge xiǎoháir zuò fēijī.
ニー パイ イー ウオ パイ イー イー ガ シアオハル ズオ フェイヂー

お手々を1回、ポンと1回、子どもがひとり飛行機に乗る。

你拍二，我拍二，两个小孩丢手绢。
Nǐ pāi èr, wǒ pāi èr, liǎng ge xiǎoháir diū shǒujuànr.
ニー パイ アル ウオ パイ アル リアン ガ シアオハル ディウ ショウヂュアル

お手々を2回、ポンと2回、子どもがふたりハンカチなくす。

你拍三，我拍三，三个小孩吃饼干。
Nǐ pāi sān, wǒ pāi sān, sān ge xiǎoháir chī bǐnggān.
ニー パイ サン ウオ パイ サン サン ガ シアオハル チー ビーンガン

お手々を3回、ポンと3回、子どもが3人ビスケット食べる。

你拍四，我拍四，四个小孩写大字。
Nǐ pāi sì, wǒ pāi sì, sì ge xiǎoháir xiě dàzì.
ニー パイ スー ウオ パイ スー スー ガ シアオハル シエ ダーズー

お手々を4回、ポンと4回、子どもが4人大きな字を書く。

你拍五，我拍五，五个小孩敲大鼓。
Nǐ pāi wǔ, wǒ pāi wǔ, wǔ ge xiǎoháir qiāo dàgǔ.
ニー パイ ウー ウオ パイ ウー ウー ガ シアオハル チアオ ダーグー

お手々を5回、ポンと5回、子どもが5人太鼓を叩く。

你拍六，我拍六，六个小孩吃石榴。
Nǐ pāi liù, wǒ pāi liù, liù ge xiǎoháir chī shíliu.
ニー パイ リウ ウオ パイ リウ リウ ガ シアオハル チー シーリウ

お手々を6回、ポンと6回、子どもが6人ザクロを食べる。

你拍七，我拍七，七个小孩穿新衣。
Nǐ pāi qī, wǒ pāi qī, qī ge xiǎoháir chuān xīnyī.
ニー パイ チー ウオ パイ チー チー ガ シアオハル チュアン シンイー

お手々を7回、ポンと7回、子どもが7人服をおろす。

你拍八，我拍八，八个小孩吹喇叭。
Nǐ pāi bā, wǒ pāi bā, bā ge xiǎoháir chuī lǎbā.
ニー パイ バー ウオ パイ バー バー ガ シアオハル チュイ ラーバ

お手々を8回、ポンと8回、子どもが8人ラッパを吹く。

你拍九，我拍九，九个小孩齐步走。
Nǐ pāi jiǔ, wǒ pāi jiǔ, jiǔ ge xiǎoháir qíbù zǒu.
ニー パイ ヂウ ウオ パイ ヂウ ヂウ ガ シアオハル チーブー ゾウ

お手々を9回、ポンと9回、子どもが9人前へ進め。

你拍十，我拍十，十个小孩在学习。
Nǐ pāi shí, wǒ pāi shí, shí ge xiǎoháir zài xuéxí.
ニー パイ シー ウオ パイ シー シー ガ シアオハル ザイ シュエシー

お手々を10回、ポンと10回、子どもが10人勉強中。

🐟 コラム❻

中国語をパソコンで入力してみよう！

　中国語の音がわかるようになってきたら、次は文字を使ってみたくなるハズ。ここではパソコンで中国語を入力する方法をご紹介します。

　日本語仕様の PC でもちょっと設定を変えれば、中国語（簡体字）を入力することができるようになります。日本語がローマ字を使って入力するのと同じように、中国語もアルファベットを使ってピンイン（声調記号は不要）を入力すると、簡体字が表示できます。

〈日本語仕様のパソコンで中国語を入力する方法〉

　ここでは Windows 7 を例に、最も基本的な設定をご紹介します。

1：デスクトップの言語バーを右クリックし、「設定」を選択

　　　　　　　　　　　　　言語バー

2：「追加」ボタンをクリックし、入力言語「中国語（簡体字・中国）」を選択する。
※キーボードの設定は複数ありますが、ここでは「Chinese Simplified QuanPin(Version6.0)」を使用します。

3：「インストールされているサービス」に「中国語（中国）」の設定が追加されたことを確認し、「OK」をクリック。

〈入力方法〉

1：テキストが入力できるアプリケーションを開く。（ここでは Word を使用します）

2：キーボードの「SHIFT+ALT」で言語バーの表示を「CH」に変更する。（通常の日本語入力の場合、言語バーの表示は「JP」になっています）

3：Word に「nihao」と入力。すると簡体字の「你好」が表示されます。

※日本語入力に戻す場合は、再度「SHIFT+ALT」で言語バーの表示を「JP」にしてください。

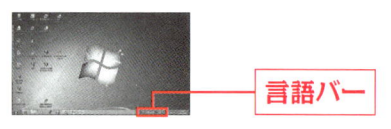

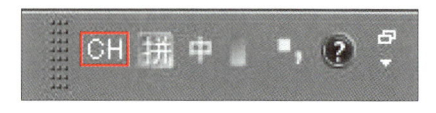

7日目
よくある会話

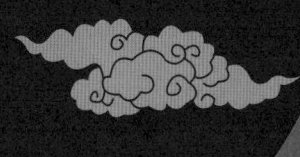

会話チャレンジ①
自己紹介

7日目

🗣 基本会話

初めて会う人に自己紹介は欠かせません。日本から来た留学生と先生の会話を聞いてみましょう。

💿 CD_85

学内での出会い

留学生：**您好！您贵姓?**
Nínhǎo! Nín guì xìng?
ニンハオ　ニン　グイ　シーン
はじめまして！　お名前は？

先　生：**您好，我姓李。**
Nínhǎo, wǒ xìng Lǐ.
ニンハオ　ウオ　シーン　リー
はじめまして、李と申します。

留学生：**我是日本人，北京真漂亮呀！**
Wǒ shì Rìběnrén, Běijīng zhēn piàoliang ya!
ウオ　シー　リーベンレン　ベイヂーン　ジェン　ピアオリアン　ヤ
私は日本人です。北京はいいところですね。

先　生：**是啊！我已经在这儿工作了五年了。**
Shì a! Wǒ yǐjīng zài zhèr gōngzuò le wǔ nián le.
シー　ア　ウオ　イーヂーン　ザイ　ジュアール　グーンズオ　ラ　ウー　ニエン　ラ
ええ、ここでもう5年働いています。

留学生：**您做什么工作?**
Nín zuò shénme gōngzuò?
ニン　ズオ　シェンマ　グーンズオ
お仕事は何ですか？

先　生：**我是学校的老师。你呢?**
Wǒ shì xuéxiào de lǎoshī. Nǐ ne?
ウオ　シー　シュエシアオ　ダ　ラオシー　ニーナ
学校の先生をしています。あなたは？

留学生：**我是北大的留学生。**
Wǒ shì Běidà de liúxuéshēng.
ウオ　シー　ベイダー　ダ　リウシュエショーン
私は北京大学の留学生です。

【語注】　**真**：本当に　**漂亮**：きれい　**是啊**：そうですね　**已经**：すでに　**工作**：仕事（をする）　**做**：する、やる　**什么**：何

7日目／よくある会話

🚩 注目フレーズ

我是日本人。

我是日本人。 は中国語を勉強する日本人には必須の表現ですが、**日本人** Rìběnrén の発音は非常に難しいのです。ですから子音 r と母音 en の両方をよく練習しなければなりません。日本人なのに正しく日本人と言えなかったら恥ずかしいですものね！

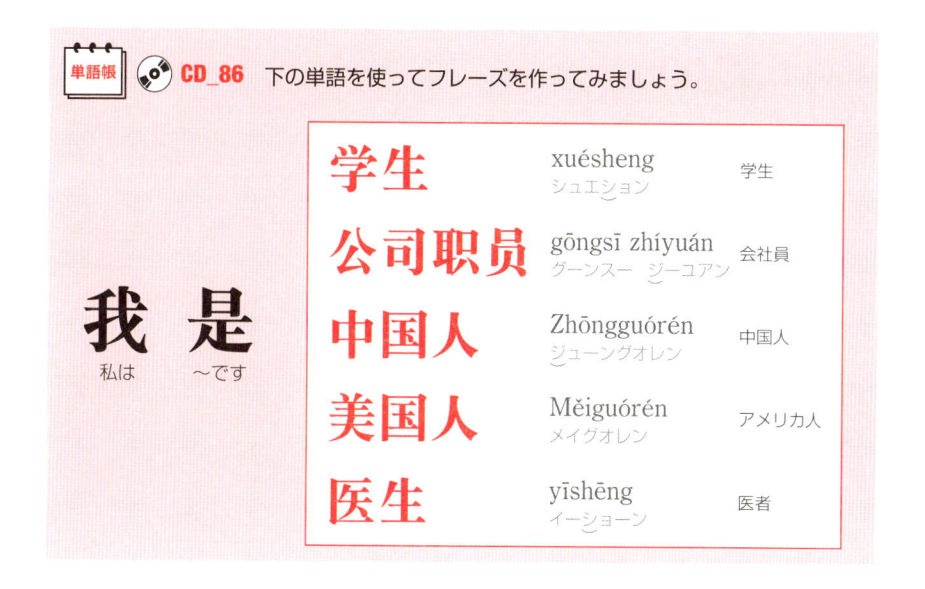

単語帳　🎧 **CD_86**　下の単語を使ってフレーズを作ってみましょう。

我 私は　**是** 〜です

中国語	ピンイン／カタカナ	日本語
学生	xuésheng／シュエション	学生
公司职员	gōngsī zhíyuán／グーンスー ジーユアン	会社員
中国人	Zhōngguórén／ジューングオレン	中国人
美国人	Měiguórén／メイグオレン	アメリカ人
医生	yīshēng／イーショーン	医者

🔖 豆コラム

初対面のときには……

「はじめまして、どうぞよろしく」は中国語に訳すと **初次见面，请多关照。** Chū cì jiàn miàn, qǐng duō guānzhào. となりますが、実際には中国人はこのようには言いません。あなたがこう言ったら、中国人にはすぐあなたが日本人だとわかります。

中国人は初対面でも、互いに名乗った後、**你好** と言って、握手をすれば十分なのです。

自己紹介のとき、中国人が最も関心を持つのはあなたがなぜ中国に来たのかということですから、**你为什么来中国？** Nǐ wèi shénme lái Zhōngguó?（なぜ中国に来たのですか）とたずねてきます。**我来中国留学** Wǒ lái Zhōngguó liúxué（留学に来ました）、**我来中国工作** Wǒ lái Zhōngguó gōngzuò（仕事で来ました）、**我来中国旅游** Wǒ lái Zhōngguó lǚyóu（旅行に来ました）などは覚えておきましょう。

会話チャレンジ②
買いもの

7日目

基本会話

デパートで本を買います。売り場を確認し、購入するまでの会話を聞いてみましょう。

CD_87

店員：	欢迎光临。	Huānyíng guānglín. ホアンイーン グアーンリン いらっしゃいませ。
お客：	请问，对外汉语课本在几层？	Qǐngwèn, duìwài Hànyǔ kèběn zài jǐ céng? チーンウエン ドゥイワイ ハンユィー クァーベン ザイ チー ツォーン すみません、外国人向けの中国語の教科書は何階にありますか。
店員：	三层。	Sān céng. サン ツォーン 3階です。
店員：	你买什么书？	Nǐ mǎi shénme shū? ニー マイ シェンマ シュー どういった本をお求めですか。
お客：	我买初级汉语课本。	Wǒ mǎi chūjí Hànyǔ kèběn. ウオ マイ チューヂー ハンユィー クァーベン 初級の中国語教科書です。
お客：	谢谢，多少钱？	Xièxie, duōshao qián? シエシエ ドゥオシャオ チエン ありがとう、いくらですか。
店員：	二十八块。	Èrshíbā kuài. アルシーバー クアイ 28元です。

【語注】**对外汉语课本**：外国人向けの中国語教科書　**几层**：何階

　讨价还价 tǎo jià huán jià（値段交渉）はとても中国的な買い物の仕方です。けれども、大型スーパーやショッピングセンター、デパートでは値段がはっきり表示されているので、値段交渉はできません。

🍣 注目フレーズ

多少钱?

［**多少**＋名詞］は数をたずねる表現です。**多少啤酒** duōshao píjiǔ（どれくらいのビール）、**多少职员** duōshao zhíyuán（何人の職員）、**多少书** duōshao shū（何冊の本）のようなものがあります。

★ 几 について

在几层? Zài jǐ céng? の **几** jǐ は **多少** と同じで、数をたずねる言葉ですが、**几** は必ず「〜本」「〜冊」のような数える言葉と一緒に使います。**几** は 10 以下と予想される数、**多少** は 10 より多いと予想される数をたずねるときに使います。

例）　**几个职员** jǐ ge zhíyuán　ヂー　ガ　ジーユアン　（何人の職員）

　　　几本书 jǐ běn shū　ヂー　ベン　シュー　（何冊の本）

単語帳 🎵 **CD_88**　下の単語を使ってフレーズを作ってみよう。

朋友	péngyou ポーンヨウ 友だち	**个** ge ガ 〜人	**一个朋友** (友だちひとり)
矿泉水	kuàngquánshuǐ クアーンチュアンシュイ ミネラルウォーター	**瓶** píng ピーン 〜本	**两瓶矿泉水** (ミネラルウォーター2本)
超市	chāoshì チャオシー スーパーマーケット	**家** jiā 〜軒 ヂア	**三家超市** (スーパーマーケット3軒)

豆コラム

お買いもの上手になるために

　値段交渉は中国人の買い物文化です。**你说多少钱?** Nǐ shuō duōshao qián?（あなたなら、おいくら？）は売り手が買い手にたずねる言葉です。中国に行ったことのない人にはおかしなことと思えるでしょうが、これは中国人が商売をするときの心理的な駆け引きであり、人づきあいの一種なのです。ある商品がどれだけ安くても、買い手は最大の利益をはかるため **太贵了!** Tài guì le!（高すぎる！）と言い、売り手は **你说多少钱?**（いくらなら買います？）と答えます。買い手が示した値段が適正なら商談成立です。適正でなければさらに応酬があります。外国人にとってはなじみがないかもしれませんが、中国人はお互いにそれを楽しんでいるのです。

会話チャレンジ③
電話

7日目

🐟 基本会話

電話での応対も会話の基本です。知り合いにかける電話と、会社にかける電話の会話を聞いてみましょう。

知り合いへの電話　　　　　　　　　　　　　　　　🎧 **CD_89**

生徒:**喂！是李老师家吗?**	Wéi! Shì Lǐ lǎoshī jiā ma? ウエイ シー リー ラオシー ヂア マ もしもし。李先生のお宅ですか。
先生:**对，我是李老师，您是哪位?**	Duì, wǒ shì Lǐ lǎoshī, nín shì nǎ wèi? ドゥイ ウオ シー リー ラオシー ニン シー ナー ウエイ ええ、私が李ですが、どちらさま?
生徒:**哦，李老师您好，我是您的学生大田。**	Ò, Lǐ lǎoshī nínhǎo, wǒ shì nín de xuésheng Dàtián. オー リー ラオシー ニンハオ ウオ シー ニン ダ シュエション ダーティエン ああ、李先生、こんにちは。生徒の大田です。

会社への電話

お客:**喂！请问是A公司吗?**	Wéi! Qǐngwèn shì A gōngsī ma? ウエイ チーンウエン シー エイ グーンスー マ もしもし。A社ですか。
社員:**对，您找谁?**	Duì, nín zhǎo shéi? ドゥイ ニン ジャオ シェイ はい、どちらにご用でしょう。
お客:**我找张华先生。**	Wǒ zhǎo Zhāng Huá xiānsheng. ウオ ジャオ ジャーン ホア シエンション 張華さんをお願いします。
社員:**对不起，他现在不在。**	Duìbuqǐ, tā xiànzài bú zài. ドゥイブチー ター シエンザイ ブー ザイ 申し訳ないのですが、ただいま席を外しております。
お客:**哦，是嘛，那我过一会儿再打过来。**	Ò, shì ma, nà wǒ guò yíhuìr zài dǎguolai. オー シー マ ナー ウオ グオ イーホアル ザイ ダーグオライ あ、そうですか。後でかけ直します。

【語注】 **喂**:もしもし(電話での呼びかけ、応答)　**哪位**:どなた　**请问**:おたずねします　**找**:～を探す、～に用事がある　**先生**:～さん(男性を呼ぶときにつける)　**在**:いる、ある

7日目／よくある会話

🔴 電話フレーズ　　　　　　　　　　　　　　　💿 CD_90

请问李先生在吗?
Qǐngwèn ～ zài ma?
チーンウエン ～ ザイ マ
李さんはいらっしゃいますか？

電話がつながると、かけた側がまず 请问～在吗? とたずねます。

您是哪位?
Nín shì nǎ wèi?
ニン シー ナー ウエイ
どちらさまですか？

中国人は電話をかけたときに自分から名乗る習慣はありません。電話がつながると、かけた人はふつう 我找～ と言います。知らない人だと、電話を受けた人が 您是哪里? と聞くこともあります。

我找铃木。
Wǒ zhǎo ～.
ウオ ジャオ ～
鈴木さんをお願いします。

電話を受けた人に 您找谁? （どちらにご用ですか）と聞かれたら、我找～ と答えます。找 はもともと「探す」という意味ですが、電話では「～と話をしたい」という意味です

你打错了。
Nǐ dǎcuò le.
ニー ダーツオ ラ
かけ間違いですよ。

これは覚えておきましょう。中国では間違い電話がよくあります。知らない人からの電話を受けたら 你打错了。と言えばよいのです。

请稍等。
Qǐng shāo děng.
チーン シャオ ドーン
お待ちください。

これと、请等等。（お待ちください）、请等一下。（しばらくお待ちください）の３つは電話を転送するときに使います。

豆コラム

中国の電話・携帯・メール事情

　固定電話、携帯電話、電子メールは、今や現代の中国人にとって欠かすことのできない通信手段です。電話について言えば、固定電話にせよ携帯電話にせよ、中国人は昼休みにかけることは極力避けます。昼休みは休憩の時間であり、なるべく自分の体を休めるようにします。ですから、12時半から１時半の間は、仕事の電話も私用電話もできるだけかけないようにしているのです。

　中国電信（China Telecom）と中国聯通（China Unicom）、中国移動（China Mobile）は三大携帯電話会社です。中国の携帯電話が日本と違うのは、プリペイドカードを買うことができる点です。実名制ではないため、番号を買えばすみます。しかし３社とも、かけた側、受けた側両方から料金を徴収するので、電話より安く、受ける側は無料の携帯メールのほうが好まれます。どこの携帯でも電話番号さえあればメールが送れるのです。

　中国人は携帯メールが大好きで、節目節目に、あるいは恋人との語らいに、メールでお祝いの言葉やメッセージを送るのが人気です。**万水千山总是情，联系一下行不行，走遍神州都是爱，十条短信オー块。**（はるかな山河に情けあり、携帯メールを送るなら、中国全土に愛あふれ、10本送ってただ１元）というメールからも、中国人のメール文化が見て取れます。

🍵 **ちょっと一息コラム**

お茶

　中国はお茶のふるさとで、世界で最も早くお茶の木を発見し、茶葉を使い、お茶を栽培し始めた国です。世界のお茶の種類、栽培や加工、飲み方、お茶の作法などは、直接あるいは間接的に中国から始まったものです。

　中国のお茶の生産と引用には数千年の歴史があります。お茶は最初、薬として飲まれ、しだいに日常的な飲み物になっていきました。今では人々の生活に欠かせない飲み物です。南から北まで、村から町まで、祝い事や訪問、会議、見学、食前食後に、必ずお茶が振る舞われ、コミュニケーションの潤滑剤となります。

　中国茶には紅茶、緑茶、青茶、黄茶、白茶、黒茶の6種類があり、2000以上の品種があります。見た目も香りも、効能もさまざまです。歴代の茶人は茶葉に強いこだわりを持ち、味や香りだけでなく色や形も追求しました。ですから、摘むのも炒るのも手作業で、機械は使えなかったのです。こうして、西湖竜井、黄山毛峰、廬山雲霧、太平猴魁、洞庭碧螺春、安渓鉄観音、武夷大紅袍、雲南普洱など数々の銘茶が生まれたのです。

　中国人はお茶に絵や詩のような趣を求めます。山水画のような風景を前にして、あるいは琴や将棋、書画といった伝統的な趣味のお伴として、お茶の楽しみは欠かせません。お茶を入れるときにも茶葉、水、器、作法の美しさを追求します。ですから茶葉や水を選び、道具、お茶受けをそろえ、お茶の出し方から味わい方まで細かく気を配ります。こうして多彩で誰でも楽しめるお茶の文化と技が作り上げられ、至高の美にまで至ったのです。

祁　暁琳

（北京在住、中国茶道講師。中国茶に造詣が深く、中国駐在の各国大使夫人向けに開かれる茶道講座が人気）

中国の食事文化

　中国は料理のおいしさと豊富さを誇る食の大国です。世界のどの街角でも中国料理店は必ず見つかります。これは、中国人が先祖代々「民は食を以て天となす」という考えを持ち続けているからです。中国は長いこと農業国で、生産力が低く、天災や人災もたびたび起こりました。人々の最低限の生活はなかなか保障されず、最大の関心事はおなかいっぱい食べられるかどうかでした。ですから、底辺の生活を脱け出した今日に至っても、中国人は食べることに心を砕きます。昼ごろ、あるいは夕方、人と会ったときには 你好 （こんにちは）でなく 吃了吗? （ご飯はすんだ？）とあいさつするのです。

　地理的な環境や気候、物産、文化習俗などさまざまな要因の影響で、料理の味も地域によって異なります。地方色豊かな料理にはいくつもの系列がありますが、伝統的な分け方では四川、山東、江蘇、広東、湖南、福建、浙江、安徽の8大料理となります。中でも最もよく知られているのは四川、山東、江蘇、広東の4大料理です。

　南甜、北咸、东辣、西酸 nán tián、běi xián、dōng là、xī suān（南は甘く、北はしょっぱく、東は辛く、西は酸っぱい）というのは、各地の食の特徴を言うものです。南甜北咸 とは、中国の南方（長江以南）の人は甘いものが好きで、北方（長江以北）の人はしょっぱいものが好きだということを表します。东辣西酸 は、山東省の人は生のネギやニンニクの辛さを好み、酸っぱいお酢は山西省の人がこよなく愛するものだという意味です。

　これとは別に、中国では 贵州人不怕辣、湖南人辣不怕、四川人怕不辣。Guìzhōurén bú pà là, Húnánrén là bú pà, Sìchuānrén pà bú là.（貴州人は辛さを厭わず、湖南人は辛くても平気、四川人は辛くなければ駄目）と言われます。このことからもわかるように、湖南、湖北、江西、貴州、四川などの料理はトウガラシの辛さを身上とします。こうした料理を食べに行こうと誘われたら、ちょっと考えてからのほうがいいですよ。

李　凌燕

会話チャレンジ④
食事の注文 [レストラン編]

7日目

🐟 基本会話

レストランで食事をオーダーするときの会話を聞いてみましょう。　🎵 CD_91

お客：**我要点菜。**	Wǒ yào diǎn cài. ウオ ヤオ ティエン ツァイ 注文したいのですが。
店員：**好的，请稍等。**	Hǎo de, qǐng shāo děng. ハオ ダ チーン シャオ ドーン はい、少々お待ちください。

店員：**酒水要什么?**	Jiǔshuǐ yào shénme? ヂウシュイ ヤオ シェンマ お飲み物は何になさいますか。
お客：**来一壶菊花茶。**	Lái yì hú júhuāchá. ライ イー フー ジュィーホアチャー 菊花茶を急須でください。
再要一盘京酱肉丝。	Zài yào yì pán jīngjiàng ròusī. ザイ ヤオ イー パン ヂーンヂアン ロウスー それから、せん切り豚肉の味噌炒めをください。
店員：**您有什么忌口吗?**	Nín yǒu shénme jìkǒu ma? ニン ヨウ シェンマ ヂーコウ マ 苦手なものはおありですか。
お客：**请不要放辣的。**	Qǐng búyào fàng là de. チーン ブーヤオ ファーン ラー ダ 辛くしないでください。
店員：**好的。**	Hǎo de. ハオ ダ かしこまりました。

【語注】　**稍等**：少し待つ　　**酒水**：飲み物　　**来**：～をください　　**放辣的**：辛くする

　您有什么忌口吗? は、レストランで注文が終わった後、店員が必ずたずねる言葉です。味の好みはどのお客にも合うものではありません。**香菜**（パクチー）は中国料理によく使われる香味野菜ですが、好まない日本人も多いようです。そういうときは店員に **我不吃香菜。** Wǒ bù chī xiāngcài. ウオ ブー チー シアンツァイ（パクチーが苦手です）と言いましょう。

🗣 注目フレーズ

① 我**要**点菜。 ② **要**一个京酱肉丝。

前の会話のふたつの例文に 要 という字が出てきますが、単語の働きが違います。ひとつ目の 要 は助動詞で、「〜しなければならない」という意味です。ふたつ目の 要 は動詞で「必要だ、欲しい」の意味になります。

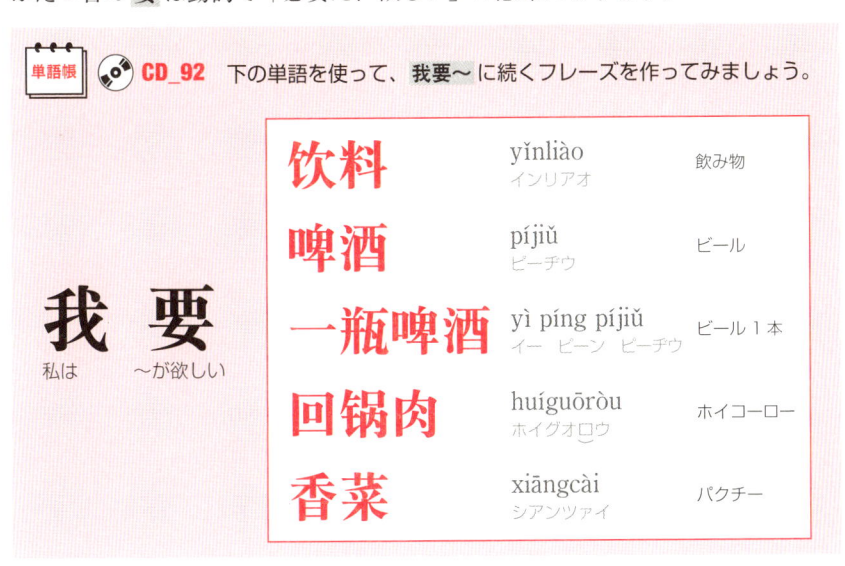

単語帳 🎧 **CD_92**　下の単語を使って、我要〜 に続くフレーズを作ってみましょう。

我 要
私は 〜が欲しい

中国語	ピンイン	カナ	日本語
饮料	yǐnliào	インリアオ	飲み物
啤酒	píjiǔ	ピーヂウ	ビール
一瓶啤酒	yì píng píjiǔ	イー ピーン ピーヂウ	ビール1本
回锅肉	huíguōròu	ホイグオロウ	ホイコーロー
香菜	xiāngcài	シアンツァイ	パクチー

豆コラム

ビールは冷えていないのが普通

中国を旅行する人は、レストランで出てくる常温のビールにびっくりしますが、中国人のほうも、外国人が食事のときに氷水や冷たいビールを飲むことが驚きなのです。食習慣が違うせいでしょう。特に中国料理を食べるときは、中国人は冷たいものを嫌います。というのも中国人はふつう、小さいころから冷たい食べものは胃腸によくないと教えられるからです。こうした食習慣から、中国の食卓にはたいてい熱いお茶が出てきます。レストランのビールも冷やしてはダメなのです。けれども、都市部の若い人たちは最近、氷水や冷たいビールを飲むようになってきました。国際化のため、常温のほかに冷たいビールも用意しているレストランもあります。

会話チャレンジ⑤
食事の注文 [ファーストフード編]

7日目

🍴 基本会話

ファーストフード店のオーダーの様子を聞いてみましょう。　💿 **CD_93**

店員：	**点餐吗?**	Diǎn cān ma? ディエン ツァン マ ご注文ですか。
お客：	**好的，要一杯咖啡和一个薯条。**	Hǎo de, yào yì bēi kāfēi hé yí ge shǔtiáo. ハオ ダ ヤオ イー ベイ カーフェイ ホアー イー ガ シューティアオ はい、コーヒーとポテトをください。
店員：	**是要热咖啡还是冰咖啡?**	Shì yào rè kāfēi háishi bīng kāfēi? シー ヤオ ルァー カーフェイ ハイシ ビーン カーフェイ コーヒーはホットになさいますか？ アイスになさいますか？
お客：	**要热的。**	Yào rè de. ヤオ ルァー ダ ホットでお願いします。
店員：	**请稍等。**	Qǐng shāo děng. チーン シャオ ドーン 少々お待ちください。
お客：	**一共多少钱?**	Yígòng duōshao qián? イーグーン ドゥオシャオ チエン おいくらですか。
店員：	**一共十二块。**	Yígòng shí'èr kuài. イーグーン シーアル クアイ 合わせて12元です。

【語注】 点餐：料理を注文する 咖啡：コーヒー 薯条：ポテト 一共：合わせて

🍴 注目フレーズ

是要热咖啡还是冰咖啡?

　　是A还是B? は選択疑問文と言うものです。実際の会話では最初の **是** は省略されることが多く、**A还是B?** となります。

7日目／よくある会話

CD_94 選択疑問文

① 是 がある場合

你是在这儿吃还是带走?

Nǐ shì zài zhèr chī háishi dàizǒu?
ニー シー ザイ ジュアール チー ハイシ ダイゾウ
こちらで召し上がりますか？ それとも、お持ち帰りですか？

② 是 が省略されている場合

你吃甜的还是吃辣的?

Nǐ chī tián de háishi chī là de?
ニー チー ティエン ダ ハイシ チー ラー ダ
甘口、辛口、どちらがよいですか？

★選択疑問文（否定で答えるとき）

選択疑問文 **是 A 还是 B?** に否定で答える場合、ふたとおりの言い方があります。ひとつは① **不 A，也不 B**、もうひとつは② **两个都不～。** です。例えば、

你喝茶还是喝咖啡?

Nǐ hē chá háishi hē kāfēi?
ニー ホアー チャー ハイシ ホアー カーフェイ
あなたはお茶を飲みますか、それともコーヒーを飲みますか？

① **不 A，也不 B** で答える場合

我不喝茶也不喝咖啡，我喝可乐。

Wǒ bù hē chá yě bù hē kāfēi, wǒ hē kělè.
ウオ ブー ホアー チャー イエ ブー ホアー カーフェイ ウオ ホアー クァールアー
お茶もコーヒーも飲みません、コーラを飲みます。

② **两个都不～** で答える場合

我两个都不喝，我喝可乐。

Wǒ liǎng ge dōu bù hē, wǒ hē kělè.
ウオ リアン ガ ドウ ブー ホアー ウオ ホアー クァールアー
どちらも飲みません、コーラを飲みます。

豆コラム

中国のファーストフード店の名前を音で聞いてみましょう。 CD_95

单語帳

麦当劳	Màidāngláo マイダーンラオ（マクドナルド）	星巴克	Xīngbākè シーンバークァー（スターバックス）
肯德基	Kěndéjī ケンドゥアーヂー（ケンタッキーフライドチキン）	必胜客	Bìshèngkè ビーションクァー（ピザハット）

トレーニング

7日目

CD_96

🐉 中国都市マップ

　中国の正式名称は「中華人民共和国」と言い、23の省、5つの自治区、4つの直轄市および2つの特別行政区があります。面積は960万平方キロ、人口は13億人で、56の民族が住んでいます。公用語は**普通话** pǔtōnghuà（共通語）です。

　長江は中国最大の河川で、長江を境として北方と南方に分けられます。気候と環境の違いによって、北方と南方では方言や食習慣に大きな違いがあります。

　黄河は2番目の河川で、黄河流域は中華民族の発祥の地と言われます。

西安 Xī'ān
シーアン（西安）
古都。唐代には長安と呼ばれ、シルクロードによる東西貿易の中心だった。兵馬俑、刀削麺が有名。

重庆 Chóngqìng
チューンチーン（重慶）
直轄市のひとつで山の町。美人が多いことで知られる。都江堰、重慶火鍋が有名。

桂林 Guìlín
グイリン（桂林）
桂林山水甲天下（桂林の風景は天下一）と言われ、山水画のような絶景で知られる。漓江、桂林ビーフンが有名。

7日目／よくある会話

天津 Tiānjīn
ティエンヂン（天津）
津 Jīn とも呼ばれる。甘栗はないが、あん入り揚げ餅、パオズ、麻花（練った小麦粉をねじって揚げたもの）が天津の三大スナック。

大连 Dàlián
ダーリエン（大連）
遼寧省にあり、三方を海に囲まれた半島都市。日本、韓国、ロシア極東地域と隣接する。

北京 Běijīng
ベイヂーン（北京）
首都。面積1万6800平方キロで、ほぼ日本の四国くらい。6つの世界遺産がある。

黄河

長江

上海 Shànghǎi
シャーンハイ（上海）
沪 Hù とも呼ばれ、極東地域の金融と貿易の中心。ショウロンポーと上海ガニが有名。

杭州 Hángzhōu
ハーンジョウ（杭州）
上有天堂，下有苏杭（天に天国、地に蘇州と杭州）と言われ、西湖で知られる観光都市。西湖草魚の甘酢あんかけ、トンポーローが有名。

深圳 Shēnzhèn
シェンジェン（深圳）
1980年代に開発された経済特区。新しく、移民の多い町。羅湖橋で香港と結ばれている。

广州 Guǎngzhōu
グアーンジョウ（広州）
1年を通して春のようで、花が咲き乱れる「花の町」と称される。広東料理、飲茶が有名。

コラム❼

HSK1級を受けてみよう！

　中国語の勉強を始めたばかりで、中国語の検定試験なんてまだまだムリ！と思っているかたは多いのではないでしょうか。日本で受けられる中国語の検定試験にはいくつか種類がありますが、その中でもHSK（漢語水平考試）のいちばんやさしいレベルである1級は初心者にピッタリの試験です。せっかく中国語の学習を始めたのですから、「試験に受かる」という目標を持って取り組んでみるのもよいでしょう。

HSKとは？

　HSKは、中国政府教育部（日本の文部科学省に相当）の認定する中国語の語学検定試験で、世界全域で実施されています。日本では1981年から実施されていましたが、ネイティブ並みの中国語を試される比較的レベルの高い試験であったため、中国語を始めたばかりの学習者にとってはとても手の届かない試験でした。しかし、中国語を学習する人が年々と増える中、初心者レベルの人からでも受けられる試験が必要だという声に応え、2010年6月から、それまで3段階であったレベルを1級から6級に広げ、旧HSKの基礎レベルのさらに下に1級、2級を置き、やさしいレベルから受験することができるようになりました。

HSK1級の出題内容

听力試験（聴き取り）　20題（15分）

短いフレーズや会話を聞き取り、出題用紙の絵や写真から一致しているものを選ぶもの、会話の質問に合う答えを3つの選択肢の中から選ぶものなど、合わせて20題。

閲読試験（読み取り）　20題（15分）

・問題に用意された複数の絵や写真の中から文の内容と一致するものを選ぶもの、各問題の文中から空欄にあてはまる単語を選択肢の中から選ぶものなど、合わせて20題。

（試験問題にはすべてピンインがついています）

★口頭試験

　HSKには筆記試験でなく、口頭試験も用意されています。筆記試験とセットになっているのではなく、別途申し込みが必要です。2010年改訂では、口頭試験も初級者レベル（1級、2級対応）の級が新設されました。
　いわゆる会話の試験ですが、初級者レベルでは音をリピートし、正しい発音で正しい四声が発音できているかなどをテストします。

HSK公式HP　http://www.hskj.jp/index.html

日本で受けられる中国語検定の比較表（2010年改訂後）

新HSK			旧HSK	中検	TECC	各級のレベルの目安
口頭試験	筆記試験	語彙量の目安				
高級 (300点満点) 180点以上合格	6級 (300点満点) 180点以上合格	5000語以上	高等	1級	900～1000	上級（上）能力を有し、中国語をコミュニケーションツールとした一般な仕事に従事する合格基準に達している。中級通訳のレベルに達している。
				準1級		上級中国語能力を有し、中国語をコミュニケーションツールとした一般な仕事に従事する合格水準（中）。
						3000時間以上の現代中国語正規教育を受けた学習者と同等の漢語レベル。これは中国語をコミュニケーションツールとした一般的な仕事に従事する合格基準（低）。
	5級 (300点満点) 180点以上合格	2500語程度	初中等	2級	800 (B)	一般的に、2年間の語学留学で到達できる優秀なレベルとされ、実用的な中国語能力を充分に持っていると評価される。初級通訳のレベルに達している。
				3級～2級	690	一般的に日常会話をほぼ自由にこなせ、中国語で責任ある仕事をしたいなら最低必要とされる語学力レベル。
				3級～2級	615 (C)	このレベルは中国の文科系（文、史、考古、中国伝統医学など）大学の学部入学最低基準に達している。一般的に2年間語学留学した者が、最低限達しておくべきレベル。
中級 (100点満点) 60点以上合格	4級 (300点満点) 180点以上合格	1200語		3級	550 (CD)	中国の大学が実施している外国人向け中国語学習コースの1年修了レベルの優秀なレベル。
						中国語の一般的な事項をマスターしていて、簡単な日常会話ができ、基本的な文章の読み書きができる。
				4級～3級	500 (D)	一般的に1年間の語学留学で到達できる良好なレベル。
				4級	460 (D)	中国の理工科大学の学部に入る最低基準に達している。
	3級 (300点満点) 180点以上合格	600語	基礎	準4級～4級		日常生活や一般交際に必要な基礎中国語能力。
				準4級	350 (E)	簡単な語句の理解や意識の表現ができる。日常会話や学習活動における初歩的な交際能力を有する。およそ600前後の中国語常用語とこれに相応する文法項目をマスターしている学習者がこのレベルに達することができる。
初級 (200点満点) 60点以上合格	2級 (200点満点) 120点以上合格	300語				中国語を用いた簡単な日常会話を行うことができ、初級中国語優秀レベルに到達している。大学の第二外国語における第一年度履修程度。
	1級 (200点満点) 120点以上合格	150語				中国語の非常に簡単な単語とフレーズを理解、使用することができる。大学の第二外国語における第一年度前期履修程度。

2010年改訂により新設された級

【各試験の違い】 HSK＝中国政府による世界に通用する認定試験。設問から問題まですべて中国語。 中検＝日本中国語検定協会主宰。日本国内での証明になる。設問は日本語。 TECC＝中国語コミュニケーション能力検定。日本国内での証明になる。設問は日本語。

もっと知りたいHSKのこと

　日本でHSKを実施している社会法人日本青少年育成協会・事務局長の本田恵三さんにHSKのお話を伺いました。

本田恵三さん

Q：HSKをリニューアルした目的は何ですか？

A：HSKといえば、以前はある程度学習歴のある人しか受けられない、少しマニアックな試験だったのです。それをもっと一般に普及するために、基礎・初中等・高等の3段階しかなかったものを6段階に増設し、試験の幅を広げることが第一の目的でした。

　またヨーロッパで認定されているCEF（Common European Framework of Reference for Languages）という世界共通の言語試験基準に合わせたということも大きな変化です。ヨーロッパは小さな国の集まりで、各国で話されている言語が違いますよね。その中で言語の標準化を進めるためにつくられた基準がCEFです。HSKもこのCEFに合わせた基準を持つことで、世界中の人々が受けられる試験を目指しています。

Q：中国政府公認とありますが、他の中国語の検定試験との違いは何ですか？

A：HSKのスコアは中国に留学する際に必須となっています。いわゆる英語でいうTOEICやTOEFLのようなもので、日本の一部の企業ではHSKのスコアを重視するところもでてきているようです。中国政府により実施されている試験ですから、HSKのハイスコア上位者には、留学への奨学金が援助されることもあります。また、試験の内容にネイティブの視線や感覚が取り入れられていること、リスニングや発音の問題を重視しているところもHSKの大きな特徴だといえます。

　HSKの試験のひとつとして、発音や会話をテストする口頭試験という試験も用意されています。これはリスニングや筆記のテストとは別の試験になりますが、難しいといわれている中国語の発音をしっかりとマスターするにはよい目標になるのではないでしょうか。

Q：これから中国語を勉強しようとしているかたへメッセージをお願いします。

A：英語はすでに世界共通の言語として認識されていますが、すでに英語だけではなく、中国語も求められている時代がきています。日本国内でも、英語と同じように中国語に触れる機会が増えてきていることをみなさんも感じているのではないでしょうか。せっかく漢字と簡体字という文字の共通項があるのですから、一歩踏み込んで中国語をもっとよく知り、会話でコミュニケーションできる日本人が増えるといいですね。

コラム❽

中国語の辞書の引き方

　電子辞書を使っている人も多いと思いますが、ここではあえてアナログに紙の辞書の引き方をご紹介しておきましょう。中国語を学ぶためにはまず中日辞典と日中辞典があります。どちらも、いろいろな出版社から出ています。日中辞典は、日本語の辞書と同じように50音で引くだけなので省略し、华（華）という字を例に中日辞典の引き方を説明します。

1）発音から

　発音がわかっている場合は簡単です。現在の一般的な辞典は、ピンインのABC順、同じ発音の中では声調の順に項目が並んでいるので、英和辞典のようにアルファベットで探します。华はhuáとhuà、複数の発音を持つ「多音字」です。ひとつの発音のところに必ず別の発音も書いてあるので、求める意味が見つからなければ別の発音を見てみましょう。

2）漢字の部首から

　圧倒的に多いのは発音がわからない場合。ここで使うのが「部首索引」です。まず部首の画数を数えます。簡体字になると华は「くさかんむり」ではなくなってしまいますね。「十」（2画）で調べてみましょう。どの辞典にも、巻頭か巻末に部首一覧があります。その2画のところで「十」を探すと、「十」が「部首索引」のどこにあるかがわかります。そこに跳んだら、次に部首以外の部分の画数を数えましょう。「化」の部分は4画です。「十」の中の4画（辞書によっては2画＋4画で6画）の字を探し、該当ページを見つけます。

3）部首がわからない

　では、龙だったらどうしますか？可能性のある「一」「丶」といった部首のところを見るのもひとつの手です。辞書によって若干違いますが、「総画索引」や日本語の音・訓読みから調べられる索引があったりします。必ず何か方法がありますから、諦めずにあちこちめくってみましょう。

4）知識を総動員！

　慣れてきたらの話ですが、日本語の音読みから、あるいは同じつくりを持つ別の漢字から、当たりをつけて引ける場合があります。例えば名 míng、明 míngを知っていたら、命も mingかもしれません。あるいは、化 huà、花 huāなど同じ構成要素を持つ漢字から、华もhuaと読みそうだと考えられます。ただ、声調は覚えるしかありません。電子辞書は便利なものですが、紙の辞書であちこち迷ったり道草を食ったりというのも楽しいものです。

★初心者にオススメ！　中日・日中が1冊になった辞典
『講談社パックス　中日・日中辞典』（相原茂編、講談社、2008年4月、税込3360円）
『ポケットプログレッシブ中日・日中辞典』（武信彰ほか編、小学館、2006年2月、税込3360円）
『デイリーコンサイス中日・日中辞典　第2版』（杉本達夫ほか編、三省堂、2005年01月、税込3465円）

トレーニングの解答

1日目

1) ー ˇ ˋ ˊ　　2) ˊ ˋ ー ˇ
3) ˇ ˋ ー ˊ　　4) ˋ ˊ ˇ ー

2日目

1 1) e　2) yu　3) wu　4) e　5) o
2 1) ao　2) ou　3) yue　4) wei　5) you
3 1) en　2) ying　3) yun　4) eng　5) yang
4 1) è　2) wǔ　3) ér　4) wēn　5) wò
5 1) á　2) yú　3) wù　4) è　5) ó
6 1) wāi、wèi　2) yòu、yǒu　3) yún、yùn
　 4) ān、ēn　5) wèn、wān
7 1) ˊ　2) ˋ　3) ˇ　4) ˊ　5) ˇ
8 1) ˋ　2) ˊ　3) ˇ　4) ー　5) ˊ
9 1) yāo　2) wéi　3) yuē　4) wài　5) yǒu

迷路1　A（a、e、wu、yu、er、yi、e、o、yu、a、wu、er、yi）

迷路2　D（ya、weng、ai、you、yue、ying、wo、ei、yun、
　　　　　wan、yong、wei、ao、wa）

3日目

1 1) pao　2) deng　3) guai　4) jun　5) chang
2 1) cuo　2) hua　3) xi　4) re　5) shi
3 1) le　2) qu　3) ju　4) dou　5) xiang
4 1) piāo　2) ruò　3) jīng　4) gōng　5) shī
5 1) dì tiě　2) pǎo bù　3) gāo kǎo
　 4) shí xíng　5) chūn jié
6 1) zhōng guó　2) hòu tiān　3) wǎng qiú
　 4) huí xìn　5) xióng māo

4日目

1. 1) × (1+1、4+1) 2) ○ (1+1、1+1)
   3) × (2+1、4+4) 4) × (3+1、4+1)
   5) ○ (1+0、1+0)
2. 1) búcuò 2) bùxíng 3) yìqǐ 4) yíkuàiér 5) dì yī
3. 1) mǐfàn 2) huāchá 3) kāishuǐ
   4) kuàizi 5) diǎncài
4. 1) kūn kān 2) qū cū 3) sè sì
   4) céng cóng 5) jì zì
5. 1) shòuròu 2) chuāncài 3) cíqì
   4) kuàicān 5) qūbié
6. 1) xiāngyān 2) zhǔnbèi 3) yùndòng
   4) zhēnzhèng 5) liù diǎn
7. 1) 北京 (3+1) 2) 上海 (4+3) 3) 西安 (1+1)
   4) 广州 (3+1) 5) 成都 (2+1) 6) 重庆 (2+4)
   7) 杭州 (2+1) 8) 桂林 (4+2)

5日目

1. 1) 我喝茶。/ 我不喝茶。
   2) 他是留学生。/ 他不是留学生。
   3) 她有姐姐。/ 她没有姐姐。
   4) 铃木在这儿。/ 铃木不在这儿。
   5) 这个很好吃。/ 这个不好吃。
2. 1) 那是不是她的?
   2) 这儿没有点心。
   3) 车站在哪儿?
   4) 这个很贵。
   5) 你买不买茶叶?

インデックス（中国語➡日本語）

中国語	ピンイン	日本語	ページ
B			
八	bā	8	100
巴西	Bāxī	ブラジル	63
爸	bà	お父さん	46
爸爸	bàba	父	64
帮助	bāngzhù	手伝う	78
棒	bàng	すごい	46
饱	bǎo	お腹がいっぱい	46
报纸	bàozhǐ	新聞紙	102
杯	bēi	～杯（カップなどに入ったもの）	102
本	běn	～冊	102
笔	bǐ	筆記用具	84
冰岛	Bīngdǎo	アイスランド	63
波	bō	波	46
伯伯	bóbo	父の兄	64
不丹	Bùdān	ブータン	63
C			
草	cǎo	草	51
厕所	cèsuǒ	トイレ	86
茶	chá	茶	80
茶叶	cháyè	茶葉	86
超市	chāoshì	スーパーマーケット	113
朝鲜	Cháoxiān	北朝鮮	63
车站	chēzhàn	駅	86
吃	chī	食べる	50, 53, 80
抽	chōu	抜く	50
出	chū	出る	50
串	chuàn	串	50
词、词儿	cí, cír	単語	51, 56
词典	cídiǎn	辞書	84
次	cì	～回、～度（回数を数える）	68, 102
粗	cū	太い	51
醋	cù	酢	68
脆	cuì	もろい	51
存	cún	預ける	67
D			
大学生	dàxuéshēng	大学生	82
带	dài	持っている	47
得	dé	得る	47
的	de	～のもの	82
低	dī	低い	47
弟弟	dìdi	弟	64
点心	diǎnxin	お菓子	86
电器	diànqì	電化製品	86
丢	diū	なくす	67
东西	dōngxī	東西	65
东西	dōngxi	もの	65
都	dōu	どちらも、どれも	82
锻炼	duànliàn	トレーニング	67
对	duì	正しい	67
顿	dùn	～回（食事など）	67
多	duō	多い	47
E			
鹅	é	ガチョウ	31
俄语	Éyǔ	ロシア語	31
饿	è	お腹がすく	31
鳄鱼	èyú	ワニ	31
二	èr	2	100
F			
发	fā	支給する	52
饭	fàn	ごはん	52, 80
房	fáng	家	52
非常	fēicháng	非常に	88
佛	fó	仏	46
幅	fú	～枚（絵など）	102
G			
高	gāo	高い	48
高兴	gāoxìng	嬉しい	88
歌	gē	歌	48
哥哥	gēge	兄	64
个	ge	～人、～個	102
公司职员	gōngsī zhíyuán	会社員	82, 111
骨	gǔ	骨	48
古巴	Gǔbā	キューバ	63
怪	guài	不思議だ	48
贵	guì	値段が高い、高価	67, 88
H			
韩国	Hánguó	韓国	63
好	hǎo	よい	48
好吃	hǎochī	食べ物がおいしい	88
好看	hǎokàn	きれいだ	88
号	hào	～日（日付）	101
喝	hē	飲む	80
和	hé	～と	48, 84
很	hěn	とても	88
花	huā	お金を使う	52
花儿	huār	花	56
画	huà	絵	102
换	huàn	換える	52
黄	huáng	黄色	52
回锅肉	huíguōròu	ホイコーロー	119
活儿	huór	仕事	56
J			
鸡	jī	ニワトリ	53
寄	jì	郵送する	49
家	jiā	～軒	113
加纳	Jiānà	ガーナ	63
捷克	Jiékè	チェコ	63
姐姐	jiějie	姉	64
今年	jīnnián	今年	101
今天	jīntiān	今日	101
京	Jīng	北京の略称	49
九	jiǔ	9	49, 67, 100

酒	jiǔ	酒	80
举	jǔ	挙げる	49

K

咖啡	kāfēi	コーヒー	102
看	kàn	見る	80
烤	kǎo	あぶる	48
课	kè	授業	48
空儿	kòngr	ひま	56
苦	kǔ	苦い	48
块	kuài	～元	102
快	kuài	速い	48
矿泉水	kuàngquánshuǐ	ミネラルウォーター	113
困	kùn	眠い	67

L

姥姥	lǎolao	母方の祖母	64
老师	lǎoshī	先生	102
姥爷	lǎoye	母方の祖父	64
乐	lè	楽しい	47, 55
冷	lěng	寒い	88
例子	lìzi	例	55
连	lián	～でさえ	55
留学生	liúxuéshēng	留学生	82
六	liù	6	100

M

妈妈	māma	母	64
买	mǎi	買う	80
美国	Měiguó	アメリカ	63
美国人	Měiguórén	アメリカ人	111
妹妹	mèimei	妹	64
闷	mèn	憂鬱だ	66
蒙古	Měnggǔ	モンゴル	63
梦	mèng	夢	66
缅甸	Miǎndiàn	ミャンマー	63
明年	míngnián	来年	101
明天	míngtiān	明日	101
墨	mò	墨	46

N

哪	nǎ	どれ	57
哪个	nǎge	どれ	88
哪儿	nǎr	どこ	86, 105
那	nà	あれ、あの	57, 82
那个	nàge	あれ	88
那儿	nàr	あそこ	57, 84
奶奶	nǎinai	父方の祖母	64
呢	ne	～は？	47
你	nǐ	あなた、君	80
你们	nǐmen	あなたたち	80
年	nián	年	66
娘	niáng	お母さん	66
挪威	Nuówēi	ノルウェー	63

P

怕	pà	怖がる	46
胖	pàng	太っている	46
跑	pǎo	走る	46
朋友	péngyou	友だち	113
啤酒	píjiǔ	ビール	119
便宜	piányi	安い	88
瓶	píng	～本（瓶に入ったもの）	113
苹果	píngguǒ	りんご	102
破	pò	破る	46

Q

七	qī	7	49, 53, 100
妻子	qīzǐ	妻子	65
妻子	qīzi	妻	65
钱	qián	お金	102
钱包	qiánbāo	財布	84
轻	qīng	軽い	49
球	qiú	ボール	49
取	qǔ	受け取る	49
去年	qùnián	去年	101
裙子	qúnzi	スカート	67

R

热	rè	熱い、暑い	55, 88
人	rén	人	55
日	rì	日	50
日本	Rìběn	日本	63
日本人	Rìběnrén	日本人	111
日常用品	rìcháng yòngpǐn	日用品	86
日子	rìzi	日	55
肉	ròu	肉	50
瑞士	Ruìshì	スイス	63

S

三	sān	3	100
谁	shéi	誰	105
谁的	shéi de	誰の	82
深	shēn	深い	66
什么	shénme	何	82, 104
什么时候	shénme shíhou	いつ	104
生	shēng	生む	66
诗	shī	詩	53
十	shí	10	100
十二	shí'èr	12	56
是	shì	～は、～が、～です	50, 82
事儿	shìr	用事	56
手	shǒu	手	50
手机	shǒujī	携帯電話	84
售票处	shòupiàochù	切符売り場	86
书	shū	本	80, 102
叔叔	shūshu	父の弟	64
四	sì	4	51, 100
四十	sìshí	40	68
素食	sùshí	ベジタリアンフード	68
岁	suì	～歳	51

インデックス（中国語➡日本語）つづき

T

他	tā	彼	80
她	tā	彼女	80
他们	tāmen	彼ら	80
她们	tāmen	彼女ら	80
太	tài	ひどく〜だ	47
泰国	Tàiguó	タイ	63
趟	tàng	〜回（往復の回数）	102
特	tè	特に	47
特别	tèbié	特に	88
踢	tī	蹴る	47
条	tiáo	〜匹、〜本（長いもの）	102
托	tuō	託す	47

W

玩儿	wánr	遊ぶ	56
位	wèi	〜人（尊敬）	102
味儿	wèir	味、におい	56
温	wēn	ぬるい	37
闻	wén	においを嗅ぐ	37
问	wèn	たずねる	37
翁	wēng	老人	37
瓮	wèng	かめ	37
我	wǒ	私	80
我们	wǒmen	私たち	80
五	wǔ	5	100

X

西	xī	西	53
洗	xǐ	洗う	49
香菜	xiāngcài	パクチー	119
星期	xīngqī	曜日	100
兄弟姐妹	xiōngdì jiěmèi	きょうだい	84
修	xiū	直す	49
选举	xuǎnjǔ	選挙	67
学生	xuésheng	学生	111

Y

烟	yān	タバコ	35
盐	yán	塩	35
演	yǎn	演じる	35
眼镜	yǎnjìng	メガネ	65
眼睛	yǎnjing	目	65
燕	yàn	ツバメ	35
燕子	yànzi	ツバメ	66
秧	yāng	苗	35
羊	yáng	ヒツジ	35
养	yǎng	飼う	35
样	yàng	様子	35
样子	yàngzi	様子	66
要	yào	〜が欲しい	119
爷爷	yéye	父方の祖父	64
也	yě	〜も	82
一	yī	1	100
一点	yì diǎn	1時	57
一点儿	yì diǎnr	ちょっと	57
医生	yīshēng	医者	111
音乐	yīnyuè	音楽	38
银行	yínháng	銀行	86
饮料	yǐnliào	飲み物	119
油腻	yóunì	油っこい	88
有	yǒu	〜がある	84
有点儿	yǒudiǎnr	少し	88
鱼	yú	魚	31, 102
雨	yǔ	雨	31
玉	yù	玉	31
预约	yùyuē	予約する	38
原因	yuányīn	原因	38
月	yuè	〜月（日付）	101
运用	yùnyòng	運用する	38

Z

早	zǎo	早い	51
张	zhāng	〜枚（新聞紙など）	102
这	zhè	これ、この	57, 82
这个	zhège	これ	88
这儿	zhèr	ここ	57, 84
织	zhī	編む	53
纸	zhǐ	紙	50
中国	Zhōngguó	中国	63
中国人	Zhōngguórén	中国人	111
粥	zhōu	かゆ	50
猪	zhū	ブタ	50
转	zhuàn	歩き回る	50
字	zì	文字	51
字母	zìmǔ	アルファベット	68
租	zū	レンタルする	51
祖母	zǔmǔ	父方の祖母	68
嘴	zuǐ	口	51
昨天	zuótiān	昨日	101

インデックス（日本語➡中国語）

日本語	中国語	ピンイン	ページ
あ行			
アイスランド	冰岛	Bīngdǎo	63
挙げる	举	jǔ	49
味、におい	味儿	wèir	56
明日	明天	míngtiān	101
預ける	存	cún	67
あそこ	那儿	nàr	57, 84
遊ぶ	玩儿	wánr	56
熱い、暑い	热	rè	55, 88
あなた、君	你	nǐ	80
あなたたち	你们	nǐmen	80
兄	哥哥	gēge	64
姉	姐姐	jiějie	64
油っこい	油腻	yóunì	88
あぶる	烤	kǎo	48
編む	织	zhī	53
雨	雨	yǔ	31
アメリカ	美国	Měiguó	63
アメリカ人	美国人	Měiguórén	111
洗う	洗	xǐ	49
歩き回る	转	zhuàn	50
アルファベット	字母	zìmǔ	68
あれ	那个	nàge	88
あれ、あの	那	nà	57, 82
家	房	fáng	52
医者	医生	yīshēng	111
1	一	yī	100
1時	一点	yì diǎn	57
いつ	什么时候	shénme shíhou	104
妹	妹妹	mèimei	64
受け取る	取	qǔ	49
歌	歌	gē	48
生む	生	shēng	66
嬉しい	高兴	gāoxìng	88
運用する	运用	yùnyòng	38
駅	车站	chēzhàn	86
絵	画	huà	102
得る	得	dé	47
演じる	演	yǎn	35
多い	多	duō	47
お母さん	娘	niáng	66
お菓子	点心	diǎnxin	86
お金を使う	花	huā	52
お金	钱	qián	102
お父さん	爸	bà	46
弟	弟弟	dìdi	64
お腹がいっぱい	饱	bǎo	46
お腹がすく	饿	è	31
音楽	音乐	yīnyuè	38
か行			
ガーナ	加纳	Jiānà	63
～がある	有	yǒu	84
～回（食事など）	顿	dùn	67
～回（往復の回数）	趟	tàng	102
～回、～度（回数を数える）	次	cì	68, 102
会社員	公司职员	gōngsī zhíyuán	82, 111
飼う	养	yǎng	35
買う	买	mǎi	80
換える	换	huàn	52
学生	学生	xuésheng	111
ガチョウ	鹅	é	31
～月（日付）	月	yuè	101
彼女	她	tā	80
彼女ら	她们	tāmen	80
～が欲しい	要	yào	119
紙	纸	zhǐ	50
かめ	瓮	wèng	37
かゆ	粥	zhōu	50
軽い	轻	qīng	49
彼	他	tā	80
彼ら	他们	tāmen	80
韓国	韩国	Hánguó	63
黄色	黄	huáng	52
北朝鮮	朝鲜	Cháoxiān	63
切符売り場	售票处	shòupiàochù	86
昨日	昨天	zuótiān	101
9	九	jiǔ	49, 67, 100
キューバ	古巴	Gǔbā	63
きょうだい	兄弟姐妹	xiōngdì jiěmèi	84
今日	今天	jīntiān	101
玉	玉	yù	31
去年	去年	qùnián	101
きれいだ	好看	hǎokàn	88
銀行	银行	yínháng	86
草	草	cǎo	51
串	串	chuàn	50
口	嘴	zuǐ	51
携帯電話	手机	shǒujī	84
蹴る	踢	tī	47
～軒	家	jiā	113
～元	块	kuài	102
原因	原因	yuányīn	38
～個	个	ge	102
5	五	wǔ	100
コーヒー	咖啡	kāfēi	102
ここ	这儿	zhèr	57, 84
今年	今年	jīnnián	101
ごはん	饭	fàn	52, 80
これ	这个	zhège	88
これ、この	这	zhè	57, 82
怖がる	怕	pà	46

インデックス（日本語➡中国語）つづき

さ行

日本語	中国語	ピンイン	ページ
～歳	岁	suì	51
妻子	妻子	qīzī	65
財布	钱包	qiánbāo	84
魚	鱼	yú	102
酒	酒	jiǔ	80
～冊	本	běn	102
寒い	冷	lěng	88
3	三	sān	100
詩	诗	shī	53
塩	盐	yán	35
支給する	发	fā	52
仕事	活儿	huór	56
辞書	词典	cídiǎn	84
10	十	shí	100
12	十二	shí'èr	56
授業	课	kè	48
新聞紙	报纸	bàozhǐ	102
酢	醋	cù	68
スイス	瑞士	Ruìshì	63
スーパーマーケット	超市	chāoshì	113
スカート	裙子	qúnzi	67
すごい	棒	bàng	46
少し	有点儿	yǒudiǎnr	88
墨	墨	mò	46
選挙	选举	xuǎnjǔ	67
先生	老师	lǎoshī	102

た行

日本語	中国語	ピンイン	ページ
タイ	泰国	Tàiguó	63
大学生	大学生	dàxuéshēng	82
高い	高	gāo	48
託す	托	tuō	47
たずねる	问	wèn	37
正しい	对	duì	67
楽しい	乐	lè	47, 55
タバコ	烟	yān	35
食べ物がおいしい	好吃	hǎochī	88
食べる	吃	chī	50, 53, 80
誰	谁	shéi	105
誰の	谁的	shéi de	82
単語	词、词儿	cí, cir	51, 56
チェコ	捷克	Jiékè	63
父	爸爸	bàba	64
父方の祖父	爷爷	yéye	64
父方の祖母	奶奶	nǎinai	64
父方の祖母	祖母	zǔmǔ	68
父の兄	伯伯	bóbo	64
父の弟	叔叔	shūshu	64
茶	茶	chá	80
茶葉	茶叶	cháyè	86
中国	中国	Zhōngguó	63
中国人	中国人	Zhōngguórén	111
ちょっと	一点儿	yì diǎnr	57
ツバメ	燕	yàn	35
ツバメ	燕子	yànzi	66
妻	妻子	qīzi	65
手	手	shǒu	50
～でさえ	连	lián	55
手伝う	帮助	bāngzhù	78
出る	出	chū	50
電化製品	电器	diànqì	86
～と	和	hé	48, 84
トイレ	厕所	cèsuǒ	86
東西	东西	dōngxī	65
特に	特	tè	47
特に	特别	tèbié	88
どこ	哪儿	nǎr	86, 105
年	年	nián	66
どちらも、どれも	都	dōu	82
とても	很	hěn	88
友だち	朋友	péngyou	113
どれ	哪	nǎ	57
どれ	哪个	nǎge	88
トレーニング	锻炼	duànliàn	67

な行

日本語	中国語	ピンイン	ページ
苗	秧	yāng	35
直す	修	xiū	49
なくす	丢	diū	67
7	七	qī	49, 53, 100
何	什么	shénme	82, 104
波	波	bō	46
2	二	èr	100
においを嗅ぐ	闻	wén	37
苦い	苦	kǔ	48
肉	肉	ròu	50
西	西	xī	53
～日（日付）	号	hào	101
日用品	日常用品	rìcháng yòngpǐn	86
日本	日本	Rìběn	63
日本人	日本人	Rìběnrén	111
ニワトリ	鸡	jī	53
～人	个	ge	102
～人（尊敬）	位	wèi	102
抜く	抽	chōu	50
ぬるい	温	wēn	37
値段が高い、高価	贵	guì	67, 88
眠い	困	kùn	67
飲み物	饮料	yǐnliào	119
飲む	喝	hē	80
～のもの	的	de	82
ノルウェー	挪威	Nuówēi	63

は行

日本語	中国語	ピンイン	ページ
～は、～が、～です	是	shì	50, 82
～は？	呢	ne	47

~杯（カップなどに入ったもの）			
	杯	bēi	102
パクチー	香菜	xiāngcài	119
走る	跑	pǎo	46
8	八	bā	100
花	花儿	huār	56
母	妈妈	māma	64
母方の祖父	姥爷	lǎoye	64
母方の祖母	姥姥	lǎolao	64
速い	快	kuài	48
早い	早	zǎo	51
日	日	rì	50
日	日子	rìzi	55
ビール	啤酒	píjiǔ	119
~匹、~本（長いもの）			
	条	tiáo	102
低い	低	dī	47
非常に	非常	fēicháng	88
筆記用具	笔	bǐ	84
ヒツジ	羊	yáng	35
人	人	rén	55
ひどく~だ	太	tài	47
ひま	空儿	kòngr	56
ブータン	不丹	Bùdān	63
深い	深	shēn	66
不思議だ	怪	guài	48
ブタ	猪	zhū	50
太い	粗	cū	51
太っている	胖	pàng	46
ブラジル	巴西	Bāxī	63
北京の略称	京	Jīng	49
ベジタリアンフード	素食	sùshí	68
ホイコーロー	回锅肉	huíguōròu	119
ボール	球	qiú	49
仏	佛	fó	46
骨	骨	gǔ	48
~本（瓶に入ったもの）			
	瓶	píng	113
本	书	shū	80, 102

ま行

~枚（絵など）	幅	fú	102
~枚（新聞紙など）	张	zhāng	102
ミネラルウォーター	矿泉水	kuàngquánshuǐ	113
ミャンマー	缅甸	Miǎndiàn	63
見る	看	kàn	80
目	眼睛	yǎnjing	65
メガネ	眼镜	yǎnjìng	65
~も	也	yě	82
文字	字	zì	51
持っている	带	dài	47
もの	东西	dōngxi	65
もろい	脆	cuì	51

モンゴル	蒙古	Měnggǔ	63

や行

安い	便宜	piányi	88
破る	破	pò	46
憂鬱だ	闷	mèn	66
郵送する	寄	jì	49
夢	梦	mèng	66
よい	好	hǎo	48
用事	事儿	shìr	56
様子	样	yàng	35
様子	样子	yàngzi	66
曜日	星期	xīngqī	100
予約する	预约	yùyuē	38
4	四	sì	51, 100
40	四十	sìshí	68

ら行、わ行

来年	明年	míngnián	101
留学生	留学生	liúxuéshēng	82
りんご	苹果	píngguǒ	102
例	例子	lìzi	55
レンタルする	租	zū	51
老人	翁	wēng	37
6	六	liù	100
ロシア語	俄语	Éyǔ	31
私	我	wǒ	80
私たち	我们	wǒmen	80
ワニ	鳄鱼	èyú	31

中国語音節表（1）

子音＼母音	難しい音➡	a	o	e	-i	-i	er	ai	ei
子音がつかないときのつづり		a アー	o オー	e ウァー			er アル	ai アイ	ei エイ
子音グループ1 (→p.46)	b	ba バー	bo ボー					bai バイ	bei ベイ
	p	pa パー	po ポー					pai パイ	pei ペイ
	m	ma マー	mo モー	me (マ)				mai マイ	mei メイ
	f	fa ファー	fo フォー						fei フェイ
子音グループ2 (→p.47)	d	da ダー		de ドゥアー(ダ)				dai ダイ	dei デイ
	t	ta ター		te トゥアー				tai タイ	
	n	na ナー		ne ヌァー (ナ)				nai ナイ	nei ネイ
	l	la ラー		le ルァー (ラ)				lai ライ	lei レイ
子音グループ3 (→p.48)	g	ga ガー		ge グァー (ガ)				gai ガイ	gei ゲイ
	k	ka カー		ke クァー				kai カイ	kei ケイ
	h	ha ハー		he ホァー				hai ハイ	hei ヘイ
子音グループ4 (→p.48)	j								
	q								
	x								
子音グループ5 (→p.50)	zh	zha ジャー		zhe ジュアー	zhi ジー			zhai ジャイ	zhei ジェイ
	ch	cha チャー		che チュアー	chi チー			chai チャイ	
	sh	sha シャー		she シュアー	shi シー			shai シャイ	shei シェイ
	r			re ルアー	ri リー				
子音グループ6 (→p.51)	z	za ザー		ze ズァー		zi ズー		zai ザイ	zei ゼイ
	c	ca ツァー		ce ツァー		ci ツー		cai ツァイ	
	s	sa サー		se スァー		si スー		sai サイ	

136　■ は有気音と無気音のペア。赤字が有気音です。　　　　　　　　（　）は軽声のときの音です。

p.33

ao	ou	an	en	ang	eng	-ong	i	ia	ie	iao
ao アオ	ou オウ	an アン	en エン	ang アーン	eng オーン		yi イー	ya ヤー	ye イエ	yao ヤオ
bao バオ		ban バン	ben ベン	bang バーン	beng ボーン		bi ビー		bie ビエ	biao ビアオ
pao パオ	pou ポウ	pan パン	pen ペン	pang パーン	peng ポーン		pi ピー		pie ピエ	piao ピアオ
mao マオ	mou モウ	man マン	men メン	mang マーン	meng モーン		mi ミー		mie ミエ	miao ミアオ
	fou フォウ	fan ファン	fen フェン	fang ファーン	feng フォーン					
dao ダオ	dou ドウ	dan ダン	den デン	dang ダーン	deng ドーン	dong ドゥーン	di ディー	dia ディア	die ディエ	diao ディアオ
tao タオ	tou トウ	tan タン		tang ターン	teng トーン	tong トゥーン	ti ティー		tie ティエ	tiao ティアオ
nao ナオ	nou ノウ	nan ナン	nen ネン	nang ナーン	neng ノーン	nong ヌーン	ni ニー		nie ニエ	niao ニアオ
lao ラオ	lou ロウ	lan ラン		lang ラーン	leng ローン	long ルーン	li リー	lia リア	lie リエ	liao リアオ
gao ガオ	gou ゴウ	gan ガン	gen ゲン	gang ガーン	geng ゴーン	gong グーン				
kao カオ	kou コウ	kan カン	ken ケン	kang カーン	keng コーン	kong クーン				
hao ハオ	hou ホウ	han ハン	hen ヘン	hang ハーン	heng ホーン	hong フーン				
							ji ヂー	jia ヂア	jie ヂエ	jiao ヂアオ
							qi チー	qia チア	qie チエ	qiao チアオ
							xi シー	xia シア	xie シエ	xiao シアオ
zhao ジャオ	zhou ジョウ	zhan ジャン	zhen ジェン	zhang ジャーン	zheng ジョーン	zhong ジューン				
chao チャオ	chou チョウ	chan チャン	chen チェン	chang チャーン	cheng チョーン	chong チューン				
shao シャオ	shou ショウ	shan シャン	shen シェン	shang シャーン	sheng ショーン					
rao ラオ	rou ロウ	ran ラン	ren レン	rang ラーン	reng ローン	rong ルーン				
zao ザオ	zou ゾウ	zan ザン	zen ゼン	zang ザーン	zeng ゾーン	zong ズーン				
cao ツァオ	cou ツォウ	can ツァン	cen ツェン	cang ツァーン	ceng ツォーン	cong ツーン				
sao サオ	sou ソウ	san サン	sen セン	sang サーン	seng ソーン	song スーン				

日本語のカナで中国語の発音を示すのには無理があるので、カナで示した中国語の発音はあくまで補助的なものです。

中国語音節表（2）

子音＼母音	難しい音➡	iou	ian	in	iang	ing	iong	u	ua
子音がつかないときのつづり		you ヨウ	yan イエン	yin イン	yang ヤン	ying イーン	yong ヨン	wu ウー	wa ワー
子音グループ1 (→p.46)	b		bian ビエン	bin ビン		bing ビーン		bu ブー	
	p		pian ピエン	pin ピン		ping ピーン		pu プー	
	m	miu ミウ	mian ミエン	min ミン		ming ミーン		mu ムー	
	f							fu フー	
子音グループ2 (→p.47)	d	diu ディウ	dian ディエン			ding ディーン		du ドゥー	
	t		tian ティエン			ting ティーン		tu トゥー	
	n	niu ニウ	nian ニエン	nin ニン	niang ニアン	ning ニーン		nu ヌー	
	l	liu リウ	lian リエン	lin リン	liang リアン	ling リーン		lu ルー	
子音グループ3 (→p.48)	g							gu グー	gua グア
	k							ku クー	kua クア
	h							hu フー	hua ホア
子音グループ4 (→p.48)	j	jiu ヂウ	jian ヂエン	jin ヂン	jiang ヂアン	jing ヂーン	jiong ヂオン		
	q	qiu チウ	qian チエン	qin チン	qiang チアン	qing チーン	qiong チオン		
	x	xiu シウ	xian シエン	xin シン	xiang シアン	xing シーン	xiong シオン		
子音グループ5 (→p.50)	zh							zhu ジュー	zhua ジュア
	ch							chu チュー	chua チュア
	sh							shu シュー	shua シュア
	r							ru ルー	rua ルア
子音グループ6 (→p.51)	z							zu ズー	
	c							cu ツー	
	s							su スー	

は有気音と無気音のペア。赤字が有気音です。　は子音がつくとつづりが変わるものです。

			p.37		p.37	p.31	p.38	p.38	p.38
uo	uai	uei	uan	uen	uang	ueng	ü	üe	üan	ün
wo ウオ	wai ワイ	wei ウエイ	wan ワン	wen ウエン	wang ワーン	weng ウォン	yu ュィー	yue ュエ	yuan ュアン	yun ュィン
duo ドゥオ		dui ドゥイ	duan ドゥアン	dun ドゥン						
tuo トゥオ		tui トゥイ	tuan トゥアン	tun トゥン						
nuo ヌオ			nuan ヌアン	nun ヌン			nü ニュィー	nüe ニュエ		
luo ルオ			luan ルアン	lun ルン			lü リュィー	lüe リュエ		
guo グオ	guai グアイ	gui グイ	guan グアン	gun グン	guang グアーン					
kuo クオ	kuai クアイ	kui クイ	kuan クアン	kun クン	kuang クアーン					
huo フオ	huai ホアイ	hui ホイ	huan ホアン	hun フン	huang ホゥアーン					
							ju ヂュィー	jue ヂュエ	juan ヂュアン	jun ヂュィン
							qu チュィー	que チュエ	quan チュアン	qun チュィン
							xu シュィー	xue シュエ	xuan シュアン	xun シュィン
zhuo ジュオ	zhuai ジュアイ	zhui ジュイ	zhuan ジュアン	zhun ジュン	zhuang ジュアーン					
chuo チュオ	chuai チュアイ	chui チュイ	chuan チュアン	chun チュン	chuang チュアーン					
shuo シュオ	shuai シュアイ	shui シュイ	shuan シュアン	shun シュン	shuang シュアーン					
ruo ルオ		rui ルイ	ruan ルアン	run ルン						
zuo ズオ		zui ズイ	zuan ズアン	zun ズン						
cuo ツオ		cui ツイ	cuan ツアン	cun ツン						
suo スオ		sui スイ	suan スアン	sun スン						

▓ はüウムラウトの¨をとります。

これからの勉強法

　中国語のイメージが少しつかめてきたでしょうか。これから本格的に中国語の勉強を始めようという人は、次のことを参考にしてみてください。

聴くことがすべての基礎
　まずは、お手本となる音声を何度も聴き、正しい発音がどういうものか耳に叩き込みましょう。それらしいカタカナに置き換えて聴くのではなく、目標とすべき音を自分の中に作り上げておき、自分の発音をそれに近づけていくのです。カナに置き換えてはいけない理由は、本文にも書きましたが、日本語は中国語よりも音の種類が少ないからです。ということは、中国語では2種類、3種類の音なのに、日本語ではそれを1種類にしか書き表せないということがままあります。カナはついていますが、それはあくまでも参考のため。カナにはできるだけ頼らず、ピンインのつづりと実際の発音の関係に早く慣れてください。

音読のすすめ
　正しい発音ができるようになるためには、練習あるのみ。言うまでもなく、声を出して練習しなければ意味がありません。それも、大きな声を出すことです。お手本を聴くことと同じくらい、自分の声を聴くことは大切なのです。自分で正しく発音し分けられない音は、聴き分けることができません。正しい発音とリスニング力は、密接な関係にあるのです。

ちょっとやりすぎ？
　これも繰り返しになりますが、日本語の平板さに慣れていると、中国語のメリハリがなかなか出せません。最初は気恥ずかしいかもしれませんが、大

げさすぎるくらいに口を開け、抑揚をつけましょう。だからと言って、電車の中などでスキマ時間を利用して勉強する場合にこれをやると変な目で見られてしまいますから気をつけて。

体で覚える

　語学は、楽器の演奏やスポーツと似ています。どんなにセンスのある人でも、いきなり曲を演奏したり、試合に出たりはできません。楽器なら音階の練習や指の訓練、スポーツなら素振りやパスやバタ足の練習から入りますね。そうしたことを繰り返して、必要な筋肉の動きを体で覚えていくのです。大人になってから学ぶ外国語もそれと同じで、すでにある言語用に固まってしまっている舌や耳をほぐして、ほかの筋肉が使えるようにしなければなりません。耳の筋肉？　そうです。耳も、聴き分ける必要のない音は無視するように出来上がってしまっていますから、新しい言語を学ぶには、「これは違う音ですよ」と区別する習慣をつけることも必要なのです。何度も聴き、発音して、「中国語用の筋肉」を鍛えていきましょう。

楽しむことを忘れずに

　これまで鳥のさえずりのようにしか聞こえなかった音に、意味が出てくるというのはとても楽しいことのはずです。上達しないと嘆くよりも、わずかでも進歩したことを見つけてみてください。つまずいたら、前に勉強したところをもう一度見てみてください。それだけでも、実はちゃんとレベルアップしていたということに気づくはずです。本書が楽しく中国語を学ぶきっかけになれば幸いです。

2010年　6月　吉日
古屋　順子

著者紹介（プロフィール）

李　凌燕（リ　リンイエン）
北京生まれ。北京師範大学中国語言文学系卒業。北京師範大学対外漢語教学中心、東京の大学林語学アカデミー（DILA）で中国語講師を勤める。著書に『中国語会話とっさのひとこと辞典』『中国語日常単語集』（DHC）、『中国の子どもはどう中国語を覚えるのか』、『中国語基本単語プラス 2000』（語研）、『旅する中国語』（コスモピア）がある。

古屋　順子（ふるや　じゅんこ）
山口県岩国市出身。東京外国語大学中国語学科卒業。中国中央戯劇学院留学。東方書店出版部勤務を経てフリー編集者、通訳・翻訳者、中国語講師。現在、公立高校にて中国語非常勤講師。著書に『ゼロから始める「中国語の発音」徹底トレーニング』（アルク、共著）がある。

音からスタート　中国語超入門

2010 年 7 月 10 日　初版第 1 刷　発行

著者／李 凌燕、古屋 順子

装丁・デザイン／見留 裕（B.C.）
文中イラスト／平塚 詠美子

ナレーション／凌 慶成、李 凌燕、守屋 政子
DTP ／（株）ワードトップ（李 文盛）

発行人／坂本由子
発行所／コスモピア株式会社
〒151-0053　東京都渋谷区代々木 4-36-4　MC ビル 2F
営業部　TEL: 03-5302-8378　email: mas@cosmopier.com
編集部　TEL: 03-5302-8379　email: editorial@cosmopier.com
http://www.cosmopier.com　http://www.kikuyomu.com

印刷・製本／シナノ印刷株式会社
音声編集／安西一明
録音／財団法人　英語教育協議会（ELEC）
CD 製作／中録サービス株式会社

© 2010 李凌燕、古屋順子、CosmoPier Publishing Company Inc.

出版案内　CosmoPier

5日間で書ける読める
はじめてのハングル体験ブック

ハングルはまったく初めての人が対象。直線と曲線の入り交じった暗号のように見えるハングルも、その仕組みを知れば、実はとても合理的に作られたシンプルな文字であることがわかります。「あいうえお」を書いてみる、「50音表」を作ってみるなど、どんどん書き込み練習をしながら、誰でも1冊やり通せるようにしました。

【収録内容】
[1日目] ハングル初めの第一歩
　ハングルの仕組み／「あかさたな」を書く
[2日目] や行とわ行の表し方
　「やゆよ」は母音字で書く／50音表をうめよう
[3日目] 基本母音字をマスターしよう
　基本母音字①②③／発音の区別
[4日目] 基本子音字をマスターしよう
　基本子音字①②③／単語を書いてみよう
[5日目] 激音・濃音をマスターしよう
　激音を理解しよう／平音・激音・濃音の区別
[最後に] 今後の学習のために
　パッチムとは／基本文法／発音の規則　他

監修・著：中村 克弥
変型サイズ書籍128ページ＋
CD1枚（48分）

定価1,260円
（本体1,200円＋税）

1週間でしっかりマスター！
やさしいハングル入門

以前に少しかじったことがあるが、もう一度やり直したい人が対象。最初の2日間でハングルの基本をやり直し、3日目からは複合母音字や、日本語にはあまりない子音で終わるパッチム、韓国語特有の発音の変化、基本文法や頻出表現を学びます。本書も書き込み練習をたくさん取り入れ、確実にマスターできるようにしています。

【収録内容】
[1日目] 基本の文字をマスターしよう
　ハングルの仕組み／基本母音字／基本子音字
[2日目] 発音の変化①
　有音化／激音と激音字／濃音と濃音字
[3日目] 複合母音字をマスターしよう
　複合母音字を含む単語を書いてみよう
[4日目] パッチムをマスターしよう
　パッチムの仕組み／二重パッチムって何？
[5日目] 発音の変化②
　リエゾン／鼻音化／流音化／発音の変化総まとめ
[6日目] 4大用言をマスターしよう
　文法の概要／指定詞／形容詞／存在詞／動詞
[7日目] いろいろな表現を覚えよう
　必須フレーズと単語／数の表現／時の表現　他

監修・著：中村 克弥
変型サイズ書籍160ページ＋
CD1枚（60分）

定価1,470円
（本体1,400円＋税）

コスモピア・サポート

いますぐご登録ください！ 無料

「コスモピア・サポート」は大切なCDを補償します

使っている途中でキズがついたり、何らかの原因で再生できなくなったCDを、コスモピアは無料で補償いたします。
一度ご登録いただければ、今後ご購入いただく弊社出版物のCDにも適用されます。

登録申込方法
本書はさみ込みハガキに必要事項ご記入のうえ郵送してください。

補償内容
「コスモピア・サポート」に登録後、使用中のCDにキズ・割れなどによる再生不良が発生した場合、理由の如何にかかわらず新しいCDと交換いたします（書籍本体は対象外です）。

交換方法
1. 交換を希望されるCDを下記までお送りください（弊社までの送料はご負担ください）。
2. 折り返し弊社より新しいCDをお送りいたします。
　CD送付先
　〒151-0053　東京都渋谷区代々木4-36-4
　コスモピア株式会社「コスモピア・サポート」係

★下記の場合は補償の対象外とさせていただきますのでご了承ください。
● 紛失等の理由でCDのご送付がない場合
● 送付先が海外の場合
● 改訂版が刊行されて6カ月が経過している場合
● 対象商品が絶版等になって6カ月が経過している場合
● 「コスモピア・サポート」に登録がない場合

＊製品の品質管理には万全を期していますが、万一ご購入時点で不都合がある「初期不良」は別途対応させていただきます。下記までご連絡ください。

連絡先：TEL 03-5302-8378
　　　　FAX 03-5302-8399
　　　　「コスモピア・サポート」係

発行　コスモピア　　www.cosmopier.com

英会話1000本ノック

まるでマンツーマンのレッスン！

ひとりでできる英会話レッスンが誕生しました。ソレイシィコーチがCDから次々に繰り出す1000本の質問に、CDのポーズの間にドンドン答えていくことで、沈黙せずにパッと答える瞬発力と、3ステップで会話をはずませる本物の力を養成します。ソレイシィコーチの親身なアドバイスも満載。

定価1,890円
(本体1,800円+税)
著者：スティーブ・ソレイシィ
A5判書籍237ページ+CD2枚（各74分）

英会話1000本ノック〈入門編〉

初心者にやさしいノックがたくさん！

『英会話1000本ノック』のCDに収録されているのは質問のみであるのに対し、『入門編』は質問→ポーズ→模範回答の順で録音されているので、ポーズの間に自力で答えられないノックがあっても大丈夫。5級から1級まで進級するステップアップ・レッスンです。

定価1,764円
(本体1,680円+税)
著者：スティーブ・ソレイシィ
A5判書籍184ページ+CD2枚（各72分、71分）

決定版 英語シャドーイング

最強の学習法を科学する！

音声を聞きながら、即座にそのまま口に出し、影のようにそっとついていくシャドーイング。「最強のトレーニング」と評される理論的根拠を明快に示し、ニュースやフリートーク、トム・クルーズ、アンジェリーナ・ジョリーへのインタビューも使って、実践トレーニングを積みます。

定価1,890円
(本体1,800円+税)
著者：門田 修平／玉井 健
A5判書籍248ページ+CD1枚（73分）

決定版 英語シャドーイング〈超入門〉

ごく短い会話からスタート

シャドーイングは繰り返しが肝心。せっかく何度も練習するのなら、日常会話や旅行会話の表現を使えば、聞く力と話す力が同時に伸びて一石二鳥です。そこで、ゆっくりしたスピードの短い会話や定番表現、実感を込めて話せる感情表現をたくさん集めました。継続トレーニングを成功に導く記録手帳付き。

定価1,764円
(本体1,680円+税)
編著：玉井 健
A5判書籍210ページ+CD1枚（73分）

英語多読完全ブックガイド〈改訂第3版〉

洋書13,000冊の最新データベース

リーダー、児童書、ペーパーバックなど、多読におすすめの洋書13,000冊を選定。英語レベル別に特選本を推薦しているほか、すべての本に、読みやすさレベル、おすすめ度、総語数、ジャンル、コメント、ISBNのデータを掲載。多読必携のブックガイドです。

定価2,940円
(本体2,800円+税)
編著：古川 昭夫／神田 みなみ
A5判書籍512ページ

音のある英語絵本ガイド

45冊のサンプル音声をCDに収録！

子どもに読み聞かせをしてあげたい。小学校の授業に絵本の読み聞かせを取り入れたい。でも発音に自信がない、どんな調子で読めばいいのか……。そんな声にお応えして、日本で音源が入手可能な絵本を探しました。英語のリズムやイントネーションが自然に習得でき、かつ絵本としてすぐれたタイトル135冊を厳選。

定価2,520円
(本体2,400円+税)
監修・著：外山 節子／著者：宮下 いづみ
A5判書籍254ページ+CD1枚（72分）

完全保存版 オバマ大統領演説

演説9本！ 価値ある歴史的資料

オバマ大統領の就任演説、勝利宣言、いまや伝説の民主党大会基調演説など5本の演説を全文収録。キング牧師「私には夢がある」演説、ケネディ大統領就任演説も肉声で全文収録。さらにリンカーンとルーズベルトも加えた決定版。英文・対訳・語注と背景解説を付けています。

定価1,554円
(本体1,480円+税)
コスモピア編集部 編
A5判書籍192ページ+CD2枚（70分・62分）

ダボス会議で聞く世界がわかる英語

2010年のダボス会議レポート

ビル・ゲイツ、グーグルのエリック・シュミットをはじめ、アジア、中近東、アフリカ、欧州など、世界18カ国、28名のスピーチを収録。『ダボス会議で聞く世界の英語』が、ノンネイティブのなまりのある発音の聞き取りに力点を置いているのに比べ、本書は最新の世界情勢と時事英語の攻略を主目的としています。

定価2,205円
(本体2,100円+税)
著者：柴田 真一
A5判書籍208ページ+CD1枚（69分）